教皇フランシスコと話そう 40
教皇フランシスコの現代社会への思い 就任から六年半の数々のメッセージをとおして 南條俊二 42
信仰の歩みにおける三つのステップ 46

教皇とは

ローマ教皇庁立グレゴリアン大学法学部教授 菅原裕二神父が教会法から読みとく 教皇職 48
加藤一二三氏インタビュー
教皇の言葉の中には、私たちが豊かに生きるための知恵がちりばめられています! 52
教会、そして世界と対話する教皇 平林冬樹 58
歴史の中の主な歴代教皇たち 63
教皇が出てくる 映画観ようよ! 中村恵里香 71

バチカン

バチカンの成り立ち バチカンこぼれ話 監修・松尾貢 77
教えて、平林神父さま けっこうためになる? バチカンのおはなし 82
教皇フランシスコと日本――気ままなる断章(談笑) 阿部仲麻呂 88

ようこそ 日本へ!!

教皇フランシスコ来日

2019年11月19日から26日にかけて、教皇フランシスコはタイ王国と日本を司牧訪問される。ローマ教皇を日本に迎えるのは、聖ヨハネ・パウロ二世が1981年2月23日から26日に訪日されて以来38年ぶりのこと。

教皇フランシスコのこのたびの訪問は、2019年11月23日（土）から26日（火）までの日程で、聖ヨハネ・パウロ二世のときと同じく、東京、広島、長崎に赴かれる。

11月23日（土）バンコクから東京へ

教皇フランシスコは、タイの首都バンコクを現地時間の午前9時半、日本に向け出発され、日本時間の同日17時半過ぎ、東京の羽田空港に到着。同空港で教皇は歓迎式に臨まれる。この後、教皇は都内のローマ教皇庁大使館で、日本のカトリック司教団と会われる。

11月24日（日）東京から長崎、広島へ

教皇は早朝、空路で長崎に向かわれ、午前9時過ぎに長崎空港に到着後、長崎爆心地公園で核兵器をめぐりメッセージを述べられる。続いて、西坂公園の日本二十六聖人の記念碑を訪れて殉教者にオマージュをささげ、お告げの祈りを唱えられる。

次いで、教皇は長崎県営野球場（ビッグＮスタジアム）でミサを司式、16時半ころ長崎を後にし、空路で広島へ。広島市内の平和記念公園で平和のための集いを行い、この中でメッセージを述べられ、同日夜、教皇は空路で東京に戻られる。

11月25日（月）東京

午前中、教皇は東日本大震災被災者との集いを行い、この席で言葉をおくられる。この後、皇居を訪問され、天皇陛下との会見に臨まれる。

続いて、東京カテドラル聖マリア大聖堂で青年との集いを開催、午後は、東京ドームでミサを司式される。

その後、官邸を訪問し、首相と会談。同じく官邸で開かれる要人および駐日外交団らとの集いで、教皇は講話を行われる。

11月26 日（火）東京からローマへ

早朝、教皇はイエズス会員と私的なミサをささげられ、次いでイエズス会員と朝食、病気や高齢の司祭を見舞われる。この後、上智大学を訪問された教皇は、最後の公式行事である羽田空港での送別式を経て、同日午前11半過ぎ、日本を後にされる。

教皇来日に寄せて

平和の使者 教皇フランシスコ

菅原裕二

選出当初からの期待

南米から初めて教皇に選出されたフランシスコが在位して六年半。現在も日曜日正午の祈りや水曜日の一般謁見など、教皇が姿を現す機会には大勢の信者で広大なサン・ピエトロ広場が埋められます。

教皇は広場を見下ろす執務室からメッセージを読み上げ、一緒に祈るように招き、謁見に集まった数千の人々に話しかけ、しばしば広場に下りては信徒を祝福します。

迎える信徒の熱狂的ともいえる態度は、教皇フランシスコの親しみやすい人柄によるものなのでしょうか。多大な責任と権限を委ねられている人物を、一目見たいと望んでいるのでしょうか。

アルゼンチンの首都ブエノスアイレスの大司教であったベルゴリオ枢機卿が、教皇名としてフランシスコを選んだ際、教皇がイエズス会の修道者であったことから、その名が同会の宣教者フランシスコ・ザビエルに由来するものだと考えた信者もいました。しかし、すぐに十三世紀のイタリアの聖者、アシジの聖フランシスコの理想を生きるためであることが示され、そこに貧しい人の友である教会、平和の使者、そして教会の内部改革を推し進める姿を感じた人もいました。教皇フランシスコはその期待を裏切ることなく、現在まで活動を続けているといえるでしょう。

教皇フランシスコの選出を知らせるイタリアの新聞（2013年3月）

国際社会への働きかけ

教皇が大切にしているテーマに「いのちを守る」ことがあります。人間のいのち、神によって創造されたこの世界を大切にすることです。回勅《かいちょく》（教皇が信者の信仰生活を指導することなどを目的に、通常は全カトリック教会にあてて送る書簡）『ラウダート・シ』はカトリック教会が初めて環境問題に関して公に発言した文書ですが、この回勅が単に環境汚染の課題に言及するものでないことは、次第に知られるところとなっています。そこで教皇が説いているのは、被造界に対する深い回心《かいしん》です。

教皇フランシスコは「貧困」と「格差」の

問題にも取り組んでいます。自らが質素な生活を送るだけでなく、政治的な指導者に対しては難民や移民の課題に取り組むように働きかけ、内戦を終わらせ、武器の輸出に歯止めをかけるように声を上げます。心ある人々に快楽主義、消費主義、あるいは行き過ぎた自由主義を戒《いまし》める言葉も送ります。それらは修道者が立てる貞潔《ていけつ》、清貧《せいひん》、従順《じゅうじゅん》の誓願と呼応するように見えます。

また教皇は、個人のレベルにとどまることなく、資源の浪費や貧しい国の搾取の現実を指摘します。二〇一九年十月に開かれたシノドス（世界代表司教会議）のテーマは十を超える国・地域・司教協議会が直接に接する「アマゾン」で、生活と環境が信仰とどうかかわるのかを実践的に見つめ、教会自身の回心についても語られました。

教皇フランシスコは教会内の事柄にとどまらないこれらの課題について、国際社会に語り掛けます。しかし、いつでも信仰者として話し、行動します。政治にかかわり得る問題であるとしても、教皇はキリストを宣《の》べ伝える者として語り、キリストに従う弟子として、さまざまな壁を乗り越えようとしているように見えます。

貧しい人の友

サン・ピエトロ大聖堂をはじめ、宝物がところ狭しと並ぶ巨大な教会を訪れるローマへの巡礼者の中には、教会は金持ちなのではないかと疑いをもつ人は少なくありません。貧しい中で福音を伝えたイエスの素朴で力強いメッセージをそこに読み取ることは、難しいものです。バチカンにある財物《ざいぶつ》を少しでも売って貧しい人々を助けたらどうかという提案は実際に耳にするもので、教皇がそうした批判を知らないわけではありません。

聖座《せいざ》（教皇庁）を経由して送られる各地への援助は、毎年、大きな額になるものです。美術館に展示されているものは大半が信者の寄進なので、教会の法律に従えば、勝手に売却することは許されていません。歴史的な価値をもつものであれば、なおさらです。しかしこうしたことも言い訳なのかもしれません。

バチカン市国の一角にはマザー・テレサの会の修道院があって、そこでは朝夕、食べ物が配られるので長い列ができます。目の前にある多くの人の苦しみを見て財産をどう用いるのか、教皇フランシスコは徹底した現場主義のスタイルを貫く人ですが、ここでも修道女たちに世話を任せてしまうのではなく、自ら進んで貧しい人をバチカン内に招いて、一緒に食事をすることがあります。

理論にとどまることなく、自分ができることから始めるという教皇フランシスコの福音の実践を、はっきりと見てとることができます。

カトリック教会の内部改革

教皇フランシスコが力強く推し進めていることに教会の内部改革があります。ローマでは、教皇を元首とする「バチカン市国」とカトリック教会を治める「聖座」は区別されているのですが、日本では両方とも「バチカン」と、同じ名前で呼ばれます。

ローマに住んでいる人は、普段は「バチカン」という呼び方をしません。大聖堂や広場の名前を取って「サン・ピエトロ（聖ペトロ）に行く」と言ったり、「聖座」と呼んだり、バチカンという名前をはずして「放送局に行く」とか「美術館を訪問する」と表現します。

教皇フランシスコが在位するようになり、このバチカンの中にいくつかの変化が見られるようになりました。バチカンは密室的で権威的であると批判されることがあります。聖座は世界に広がる教会全体を支えるために、権限を有する「制度としての宗教」の中心の役所としての顔ももっていますが、役所ですから古くて保守的な面があります。官庁ですから中央と地方の対立、前例主義、縄張り争いといった、どこにでも見られそうな問題点に出会うこともあります。

教皇フランシスコの改革は、こうした教会内部の統治機構にも向けられています。今までも上昇志向のある聖職者を叱責し、生き残りのためだけに新しい志願者を入会させる修道会をたしなめ、高位聖職者に偽善的な態度と言葉遣いを改めるように何度も促しました。個人に対してだけでなく、不透明な教会財産の運用や聖職者による幼児虐待に対して、組織として毅然とした態度を取るように何度も指示を出しました。

さらに、教皇自身による法改正は、歴代の教皇による改変を数の面で凌駕《りょうが》し、内容も、省庁の改変、聖座特別法の改廃、バチカン市国の法改正などに及んでいます。

宣教者である教皇

教皇フランシスコは、日本を訪れることになる二人目の教皇です。訪日の直前にはタイを訪問しますが、聖ヨハネ・パウロ二世は日本を一九八一年に、タイは一九八四年に訪れています。教皇フランシスコのタイ訪問は、タイ国王と教皇使節との交流がシャムで始まって三百五十年を迎えることを記念するものになります。その意味で今回の訪問は、ともに「宣教者である教皇」という色彩が濃くなることが予想されます。タイでも日本でも、キリスト者の共同体は大きくはありません。これらの地では、他の宗教者との出会いが一つの特徴となるでしょう。

教皇フランシスコのアジアへの訪問はこれで四回目で、現在まで韓国、スリランカ、フィリピン、ミャンマー、バングラデシュなどを訪問しています。前任者ベネディクト十六世がその八年の在位中に一度もアジアを訪問していないのと比べると、教皇フランシスコがアジアに注目していることが伺われます（アフリカも二度訪問しています）。それぞれの国で若者や神学生との交流のひとときがもたれましたから、今回も若者へのメッセージが期待できることでしょう。

平和の使者

今回の訪問先に広島と長崎を選ばれたのは、核兵器廃絶への教皇の強い思いの表れでしょう。平和の使者であり続けようとする教皇フランシスコは、戦火を被る国や地域を訪問することがしばしばあり、長崎と広島の訪問は戦争が一刻も早く地上から姿を消すようにという願いの表れです。そこに、核兵器による惨禍を二度と起こさないようにしなければならないというメッセージを読み取ることができます。核を保有する国々の政治的指導者の無策や怠慢には、厳しい言葉を発する教皇です。

さらに長崎訪問をとおして十六世紀に始まる長い迫害の歴史、「潜伏キリシタン」の信仰の伝統、明治期に復興する教会共同体と教会群にも光を当てることでしょう。

平和と信仰の遺産、どちらも経済的に豊かになった現代日本へのメッセージであり、同時に全世界に向けられていくものになることでしょう。多くの人と一緒に平和のメッセージを生きようとする教皇の発言に、世界の人が注目しています。

すがわら・ゆうじ　一九五七年宮城県生まれ。一九八〇年上智大学法学部卒業。イエズス会入会。一九八七年イタリア、ローマ留学（～九六年）。一九九一年司祭叙階。一九九六年上智大学神学部講師。一九九八年教皇庁立グレゴリアン大学（ローマ）教会法学部講師。現在、同学部長教授。

教皇フランシスコのあゆみ

化学の道からイエズス会の修道者となり、貧困にあえぐ人々のために尽くしてきた教皇フランシスコ（ホルヘ・マリオ・ベルゴリオ　Jorge Mario Bergoglio）。

彼はブエノスアイレスの大司教時代も質素な生活を貫き、大司教公邸ではなくブエノスアイレス郊外のアパートに住んで自炊生活を送り、そこからリムジンではなく、バスや地下鉄を使って司牧に出かけていました。

大神学校時代から料理は得意で、日曜日のお昼には神学生たちのために食事を作っていたそうです。あるジャーナリストに「料理はお上手なのですか？」と聞かれ「私の料理で死んだ人はいませんよ」と答えられました。

アルゼンチン生まれらしく、タンゴを踊るのがお好きとか。ブエノスアイレスのサッカーチーム「CAサン・ロレンソ」のファンでもあるとのこと。

教皇フランシスコ　略歴

一九三六年十二月十七日

ホルヘ・マリオ・ベルゴリオ(Jorge Mario Bergoglio)が、イタリア系移民の息子としてアルゼンチン、ブエノスアイレスに生まれる。

父マリオ・ホセ・ベルゴリオはピエモンテ州出身の鉄道職員。母レジーナ・マリア・シヴォリもイタリア系移民の娘でブエノスアイレス出身。

五人兄弟（男性三人、女性二人）の四番目。

小学校卒業後、サレジオ会を母体とするラモス・メジア・サレジオ学院（現ウィルフリド・バロン学院）を経て、ブエノスアイレス大学で化学を学び学士号を取得。

ホルヘ・マリオは若いときに、感染症のために右肺の一部を切除している。

一九五八年三月十一日

司祭職への召命に従い、イエズス会入会。ヴィッラ・デヴォート神学校に入学する。

ホルへの両親、父マリオ・ホセ・ベルゴリオと母レジーナ・マリア・シヴォリ

ラモス・メジア・サレジオ学院の生徒だった（1948年あるいは1949年）12歳のころ（上から3列目の左から4人目の少年）

一九六一年

チリで教養課程修了後、ブエノスアイレスに戻り、サン・ミゲルのサン・ホセ神学校で哲学を学ぶ。

一九六四〜六五年

サンタ・フェの無原罪学院で文学と心理学を教える。

一九六六年

ブエノスアイレスのサルバドール学院でも同様に、文学と心理学を教える。

一九六七〜七〇年

サン・ミゲルのサン・ホセ神学校神学科で神学を学び、学位取得。

一九六九年十二月十三日

司祭叙階。

一九七〇〜七一年

スペイン、アルカラ・デ・エナレスで第三修練。

一九七三年四月二十二日

最終誓願。

一九七二〜七三年
サン・ミゲルのビッラ・バリラリ修練院修練長を経て、神学科教授、管区顧問、神学校院長に就任。

一九七三年七月三十一日
イエズス会アルゼンチン管区長に選出され、同職を六年間務める。

一九八〇〜八六年
サン・ミゲル神学校神学科・哲学科院長及びサン・ミゲル教区のサン・ホセ小教区の主任司祭となる。

一九八六年三月
博士号取得のためドイツに渡航。

司祭になってから間もなく

この時期ドイツのアウクスブルクにある聖ペトロ・ペルラッハ教会で「結び目を解くマリア」の絵に出会い、複製をつくる許可を得て、この画像の絵はがきをアルゼンチンに持ち帰っている。
その後、サルバドール学院院長を経て、コルドバで霊的指導者・聴罪司祭となる。

一九九二年五月二十日
ヨハネ・パウロ二世によりアウカ名義司教、ブエノスアイレス補佐司教に任命される。
同年六月二十七日、ブエノスアイレス司教座聖堂で司教叙階。

家族と共に（後列左から二番目）

一九九七年六月三日
ブエノスアイレス協働大司教に任命される。
一九九八年二月二十八日
ブエノスアイレス大司教アントニオス・クアラチノ枢機卿の帰天後、同大司教となる。
同年十一月六日より、アルゼンチン居住の裁治権者をもたない東方典礼カトリック教会信者の裁治権者を兼任した。
二〇〇一年二月二十一日
ヨハネ・パウロ二世により枢機卿に叙任。名義教会は聖ロベルト・ベラルミーノ教会。
二〇〇一年十月
世界代表司教会議（シノドス）第十回通常総会総書記を務める。
二〇〇五年十一月〜二〇一一年十一月
アルゼンチン司教協議会会長。
教皇庁の典礼秘跡省、聖職者省、奉献・使徒的生活会省、家庭評議会、ラテンアメリカ委員会の各委員を務める。
二〇一三年三月十三日
二〇一三年二月、当時の教皇ベネディクト十六世が高齢を理由に突然の辞意表明。通常終身で務められていた教皇職を自ら離れ、世界を驚かせた。
後継を選ぶコンクラーベにおいて、三月十三日、新教皇の選挙権をもつ八十歳未満の枢機卿百十五名による五回目の投票で、二六六代教皇に選出された。
コンクラーベ開始前、ベルゴリオはすでに七十六歳と高齢であり、マスコミからは新教皇の有力候補とは見なされていなかった。そのため、新教皇としてベルゴリオの名前が発表されたときには、各国のマスコミは大きな驚きをもって彼の名前を報道した。
彼はマスコミの事前予想を完全に覆し、新教皇の選出に必要とされる枢機卿全体の三分の二を大きく上回る九十票以上の得票をもって選出されたという。

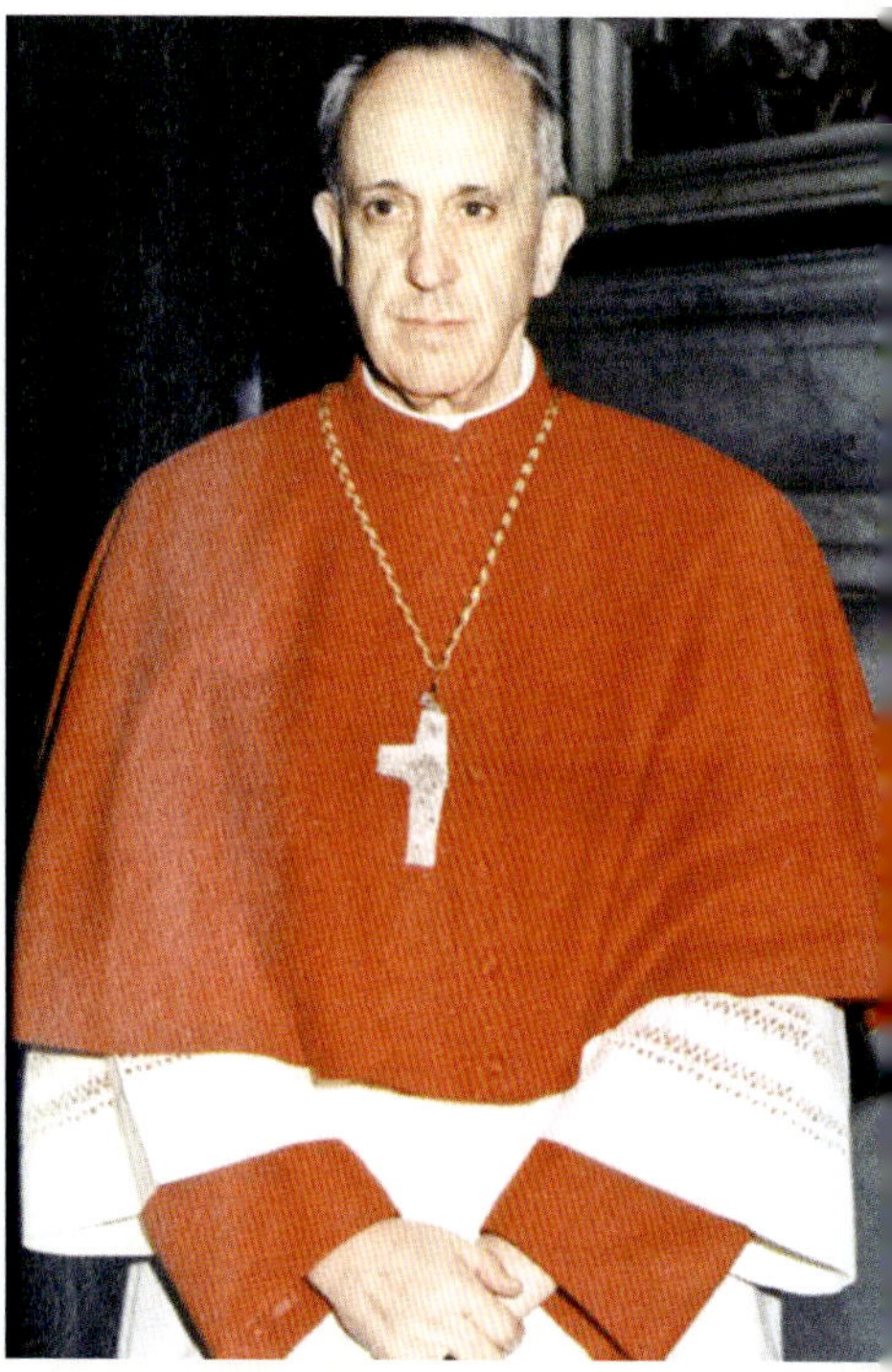
ブエノスアイレスの枢機卿時代

ブエノスアイレスの野外ミサで　2007年

ジョセフ・マカダム氏の

ホルヘ・マリオ・ベルゴリオの想い出

人の記憶に残る想い出は、時間の多少によるものではありません。たとえ一期一会の出会いでも、鮮やかな記憶としてとどまることもあります。ホルヘ・マリオ・ベルゴリオとの場合もそうでした。私が日本に派遣されるまでの彼との六年間は、私にとって素晴らしい出会いであり、大切な日々であったと思います。

ホルヘはすれ違うとき、少しはにかんで微笑んでいました

一九五八年、アルゼンチンの首都ブエノスアイレスから七百キロ離れたコルドバ市にあったイエズス会修練院に入会した二十名あまりの新入生同士として、私は初めて彼と出会いました。

百名以上の学生が学ぶ建物の広い廊下を、まるで壁にくっついているかのような神学生が、ゆっくり、慌てず、頭を少し下げて何かを考えているかのように、こちらに向かって歩いて来ました。それがホルヘでした。

私は、どんなときにも彼が急いでいるのを見たことがありません。一九五七年、二十一歳で胸膜炎が見つかり、片方の肺の一部を切り取ってしまったので、走ることはもとより、早歩きもできなくなったと聞いたのを覚えています。

後日、彼と私は小さいときから同じサッカーチーム「サン・ロレンソ・デ・アルマグロ」の熱狂的なファンだったとわかりましたから、彼も子どものころはサッカー遊びに明け暮れていたと思います。神学生同士のサッカーの試合に参加できず、さぞ悔しい思いをしたに違いありません。

手術の後はすぐに疲れてしまうため、息が切れないよう、低い声でゆっくり話さざるを得なくなったそうです。彼いわく「このため、将来、歌ミサができないから、とても助かるよ。何しろ大音痴だから。僕が歌うと信者の方の全員が教会からいなくなってしまう」と笑っていました。

彼のために弁護すると、確かに正確に歌うことは苦手のようでしたが音楽は大好きで、アルゼンチン・タンゴやミロンガ（タンゴより歴史が古く、メロディーも速い曲）の知識は玄人はだしで、昔はよく（上手に？）タンゴを踊ったと聞かされました。

また、小さいころは兄弟姉妹五人でお母

1961年から共に学んだブエノスアイレス郊外サン・ミゲルにある、サン・ホセ神学院

さまと小さなラジオを囲んでオペラを聞いていたせいで、クラシック音楽の愛好家でもあり、現在でも音楽を聴きながら読書をするのが最大の趣味だそうです。

温かい人柄とあふれる愛情

ポルテーニョ（ブエノスアイレス人の愛称）は、舞台の立役者になりたがる人が多く、一人でいるときも目立ちがり屋といわれますが、彼は違っていました。普段は物静かで、多少内気でもありました。それでもいったん人の輪の中に入ると、まるで変身したかのようでした。微笑みを絶やさず、大好きな冗談を言ったりもしていました。

ホルヘが人の話にも熱心に耳を傾けることができたのは、彼の温かい人柄によるものだったと思います。出会った人、その人の親せきや友人、そして彼らのペットのイヌやネコの名前に至るまで覚えていたのは、彼の記憶力が優れていただけでなく、あふれる愛情ゆえのことでしょう。

また、以前お母さまが長い間ご病気だったとき食事の支度を手伝っていたそうで、愉快な料理談義はもちろん、料理も得意で、休みの日などに彼が作ってくれたミラネサ（パン粉付きカツレツ）、ファルシ（豚の詰め物）、パスタなど懐かしく思います。

ルハンの聖母マリア大聖堂の前で、神学生のグループ。3列目中央がホルヘ。

ホルヘ・マリオ・ベルゴリオの使命

彼がイエズス会を選んだ理由の一つは、より厳しく自分を律するためだったと聞きました。私から見れば、ホルヘは十分思慮深く自制心のある人でしたから、ずいぶんと意外な気がしましたが、彼自身はそう考えていたようです。

世界各地への宣教を標榜《ひょうぼう》するイエズス会にも以前からあこがれていて、当時のイエズス会総長ペドロ・アルペ神父に宣教師として日本に派遣してほしいと嘆願書を出されたそうです。

思い出せば、神学院の講義なども、いつも一番後ろの席に静かに座していました。ホルヘを見ていると、私は心の最も深いところの声に耳を傾け、真摯に、自分に忠実な生き方をしたいという彼の意思を強く感じました。明晰な頭脳、伝説的な記憶力、読書力は、当時の厳しい学部長ミゲル・アンヘル・フィオリート神父が、彼を自分の研究のアシスタントに呼ばれたことでもわかります。特に聖イグナチオ・デ・ロヨラの『霊操』の研究などを手伝ったそうです。

さて、アルペ総長から、日本への宣教派遣は彼の健康のために大変難しいという返事が届いたことは、偶然でしょうか。ホルヘ・マリオ・ベルゴリオが廊下のはるか向こうに通り過ぎてから五十年を経て、私はすべてが神の導きであったことがわかりました。

彼が日本に派遣されていたら、私たちの教皇フランシスコは誕生しなかったに違いありません。

Joseph Macadam
十年間、イエズス会に所属。その間に、一九六四年来日。

教皇が選ばれました

Annuntio vobis gaudium magnum;
habemus Papam:
Eminentissimum ac Reverendissimum Dominum,
Dominum Georgium Marium
Sanctae Romanae Ecclesiae Cardinalem Bergoglio
qui sibi nomen imposuit Franciscum.

大きな喜びを皆さまに告げます。
教皇が選ばれました。
聖なるローマ教会の枢機卿であるホルヘ・マリオ・ベルゴリオ枢機卿です。
新教皇はフランシスコを名乗ります。

2013年3月13日午後8時12分（日本時間14日午前4時12分）
新教皇選出が宣言された。

なによりも人を大切に
教皇フランシスコの素顔

身近な人が教皇に！ となるとかなりの驚きだろう。「新教皇は、アルゼンチンで身近な先輩でした」というイエズス会・アイダル神父に教皇フランシスコの素顔を伺った。

2001年ローマにて ヨハネ・パウロ二世に
アイダル神父（右）を紹介するベルゴリオ枢機卿（中央）

ベルゴリオ神父の魅力

新教皇就任のニュースを聞いての印象はいかがでしたか？

とても驚きました。もちろんうれしかったのですが、少しの心配もありました。なにより彼は司牧者であり、また私にとっては身近な、ふつうの先輩の神父であったからです。教会の頭《かしら》として統治や管理などの重責を果たしていけるのかなと。

でもテレビや新聞で元気にいつものにこやかな笑顔を見せているので、今はホッとしています。

大変な任務でしょうが、謙虚に喜んで引き受けたのだろうなと思います。

**ベルゴリオ神父との出会いは？
また、彼の魅力はどのようなところでしょうか**

一九八五年、私が修練を終わって神学院に移ったときに、彼が神学院の院長でした。今の私と同じ立場ですね。私とはいろいろ違いますが（笑）。

1987年、来日のとき

そのときから、とても尊敬していました。今でも私にとっては模範としたいイエズス会員の一人です。学者タイプではありませんが、勉学を大切にしていましたし、私たちにはとても厳しかったと思います（笑）。

イエズス会に入る前は化学の勉強をされていて、その後、文学も専攻されています。だから説教などの話は話題が豊かでおもしろかったことを覚えています。

彼の魅力はなによりも人を大切にするということです。相手が右であろうが左であろうが、イデオロギーにとらわれずに誰にでも敬意をもって接していました。

彼が三十六歳でアルゼンチンのイエズス会管区長になったときは、難しい時代でした。軍事政権と、それに対する勢力との戦いで内乱状態でした。イエズス会の中でもほかにも問題を抱え、大変な時代でした。

これは聞いた話ですが、アルゼンチンは長い間スペインの植民地でしたし、アルゼンチンの管区もかつてはスペインに従属する形の準管区としてあったので、スペイン人の会員とアルゼンチン人の会員の間に、ぎくしゃくした関係、対立というのが残念ながらあったというのです。その結果、ある会員は心が傷ついて共同体から離れしまい、また、退会した会員も何人かいました。

彼が管区長になったとき、まずやったことは、その去っていった人たちを探して呼び戻すことでした。イエズス会に戻らないかと。

実際に何人かの会員が戻ってきました。この話は私にとって、とても印象深いものでした。彼は人を探す人なのです。

分け隔てなく、自由に、自然に

そのほかに、教皇フランシスコのエピソードをいくつか教えていただけますか？

私たちのアルゼンチンの神学院は、労働者が多く住む貧しい地域にありました。そういう地域には売春婦もいます。ベルゴリオ神父のところにも、よく彼女たちがゆるしの秘跡を受けに来たり、相談に来たりしていました。そういう人たちも、彼は分け隔てなく大切にしていました。

彼女たちの一人が泣きながらこう話してくれたのを思い出します。「あなたの院長（ベルゴリオ神父）が、私のことを『セニョーラ』（ご婦人）と呼んでくれた。とてもうれしかった」と。

普段、周囲から軽蔑され疎まれている彼女が、一人の人間として敬意をもって接してもらったのが本当にうれしかったのだと思います。

それからもう一つ、個人的な思い出です。ある冬の夜、神学院でベルゴリオ神父と話していたとき、誰かが門の呼び鈴を鳴らしました。貧しい人で「寒いので毛布がほしい」と言うのです。

すると、ベルゴリオ神父はちゃんと扉を開けて、ていねいに接し、自分の毛布を取ってその貧しい人にあげたのです。

また、ベルゴリオ神父は神学生と一緒によく仕事をしました。アルゼンチンでは、修道院で牛や豚などの家畜を飼って世話をしていました。豚の世話は臭いし汚いので、誰もやりたくない仕事ですが、彼はよく手伝っていました。

シャワーを浴びたあとでも臭いんですよ。そんな仕事をしたあとで、大使の訪問を受けて、「臭いかなぁ……」と心配しながら対応に出ていったこともありました。

豚の世話もできるし、大使の応接もする。その姿がとても魅力的でした。ごく自然に、自由に行動する人でした。

イデオロギーではなく、人と向き合う

ベルゴリオ神父は政治家ではないし、目立とうとする人ではありませんでした。マスコミとも距離を置く人だったので、メディアによっては、彼が社会の中であまり影響を与えなかったという批判もあります。

たとえば、軍事政権時については軍隊に対して十分に反対しなかったという批判があることも確かです。しかし、それは彼が政治的なことに対しては静観していたからです。

彼はイデオロギーに対して特に警戒していたのです。彼はこの世のことを知っている人ですが、この世から距離を置き、イデオロギーに乗らないようにしていました。

そして軍事政権後、選挙が行われることになって国中が非常に盛り上がったときも、彼は院長として、神学生である私たちにラジオを聴くことを禁止し、「私たちは司牧者であり、政治家ではない。違う目で世間を見なければいけない」と教えました。

当時は、南米で解放の神学が盛り上がっていましたが、彼はそれにも距離を置きました。彼はもちろん貧しい人を大切にしていましたが、彼から見ればその運動は一つのイデオロギーの盛り上がりだったのです。彼はイデオロギーよりも人間を大切にする人でした。

彼はよく「貧しい人から学べ。シンプルな信仰をもつ人から学べ」と言っていました。

教皇フランシスコに期待することはなんでしょう

これまでの彼の目立たない、誰からも評価されない小さな行動が、今の彼の人柄をつくり上げていると思います。ここに希望を見たような気がします。

ほかの組織であったら上に立つような人ではありません。本当に会社だったら無理ですよ（笑）。

でも、だからこそ彼が教皇になったということは、教会らしい選択だったと思います。これは今の時代の希望だと思います。

今までどおりの笑顔で元気に人に接していってほしいですね。

ホアン・カルロス・アイダル（Juan Carlos Haidar）
イエズス会司祭。一九六五年アルゼンチン、サンタ・フェに生まれる。八三年イエズス会入会。九一年来日。九六年司祭叙階。

教皇フランシスコのちょっといい話

アルゼンチンの新聞のインタビューで「ブエノスアイレス時代には街に出て、ピザを食べるのが楽しみだったが、教皇になってからは気軽にピザを食べに外出するのは難しくなった」と語った教皇フランシスコは、「取り寄せては」との質問に「テイクアウトではなく、ピザ屋まで食べに行くのがいいんだ」とコメントしている。

また、サッカーの大ファンとして知られる教皇は、自身の地元であるアルゼンチンのCAサン・ロレンソを応援している。しかし、「一九九〇年七月十五日の夜に、聖母マリアにテレビは観ないと誓った。テレビを観るのは良くないと自分自身に言い聞かせ、一九九〇年からテレビを観ていない」とも語る教皇は、サッカーの試合の結果やリーグ内の順位は、毎週バチカンのスイス衛兵から教えてもらうとか。

紋章

紋章の定義はいろいろあるが、紋章がもつべき最低限の要件は、個人を識別できるようまったく同じ図案の紋章が二つ以上あってはならないことと、代々継承された実績をもつ世襲的なものであることの二点。

歴代教皇がもつ独自の紋章の図柄は教皇ごとに違うが、基本的な構成はほぼ同じ。交差して組まれた金と銀の鍵、三重冠、赤い組紐は必ず描かれてきた。イエスのペトロに対する言葉、「わたしはあなたに天の国の鍵を授ける」（マタイ16・19）から「天国の鍵」のデザインが教皇の紋章に取り入れられている。

バチカン市国の国旗にも配されている教皇紋章

「ダニエルさん、枢機卿のホルへです。いつも新聞の宅配をありがとうございます」、教皇フランシスコからこんな電話を受けたのはブエノスアイレス新聞販売店の店主のダニエル・デル・レグノ氏。「三週間ほどで帰ってくるから」とローマに出発し、教皇に選出されたため「ローマに滞在することになったので新聞の宅配を停止してください」と依頼された。電話を受けた当初はイタズラ電話だと思ったダニエル氏。本当にローマ教皇からの電話だとわかると、「感動のあまり涙があふれ言葉が出なかった」いう。

また、ローマのイエズス会本部にも「教皇選出祝いの返礼のため」にアドルフォ・ニコラス総長に自ら電話をかけており、電話を受けたイエズス会の職員を驚かせた。

教皇の堅実さと気さくさを表す、こんな話もある。

教皇選出の翌日、サンタ・マリア・マッジョーレ大聖堂で祈りをささげたあとに、前日まで宿泊していたホテルに立ち寄って荷物を引き取り、宿泊代を自腹で支払った教皇フランシスコ。立て替え払いが慣例であると言われても聞き入れなかったとか……。

教皇フランシスコの紋章盾は空色で、ベネディクト十六世のときから使用されている教皇のシンボル「ミトラと緋色の紐で結ばれた金銀の鍵」が表現されている。

紋章盾の内部は、教皇の出身修道会、イエズス会の紋章が描かれている。キリストを象徴する燃える太陽の中に、赤文字でイエスを表す「ＩＨＳ」が書かれ、Ｈの上に十字架、下には黒い三本の釘がある。下部には、図案化された星とナルドの花が描かれている。星は、聖母マリアを象徴し、ナルドの花は、教会の保護者聖ヨセフを意味する。自身の紋章にこのようなシンボルを使用することによって、教皇は聖母マリアと聖ヨセフへの特別な信心を表されている。

紋章のモットー Miserando atque eligendo

教皇フランシスコの紋章

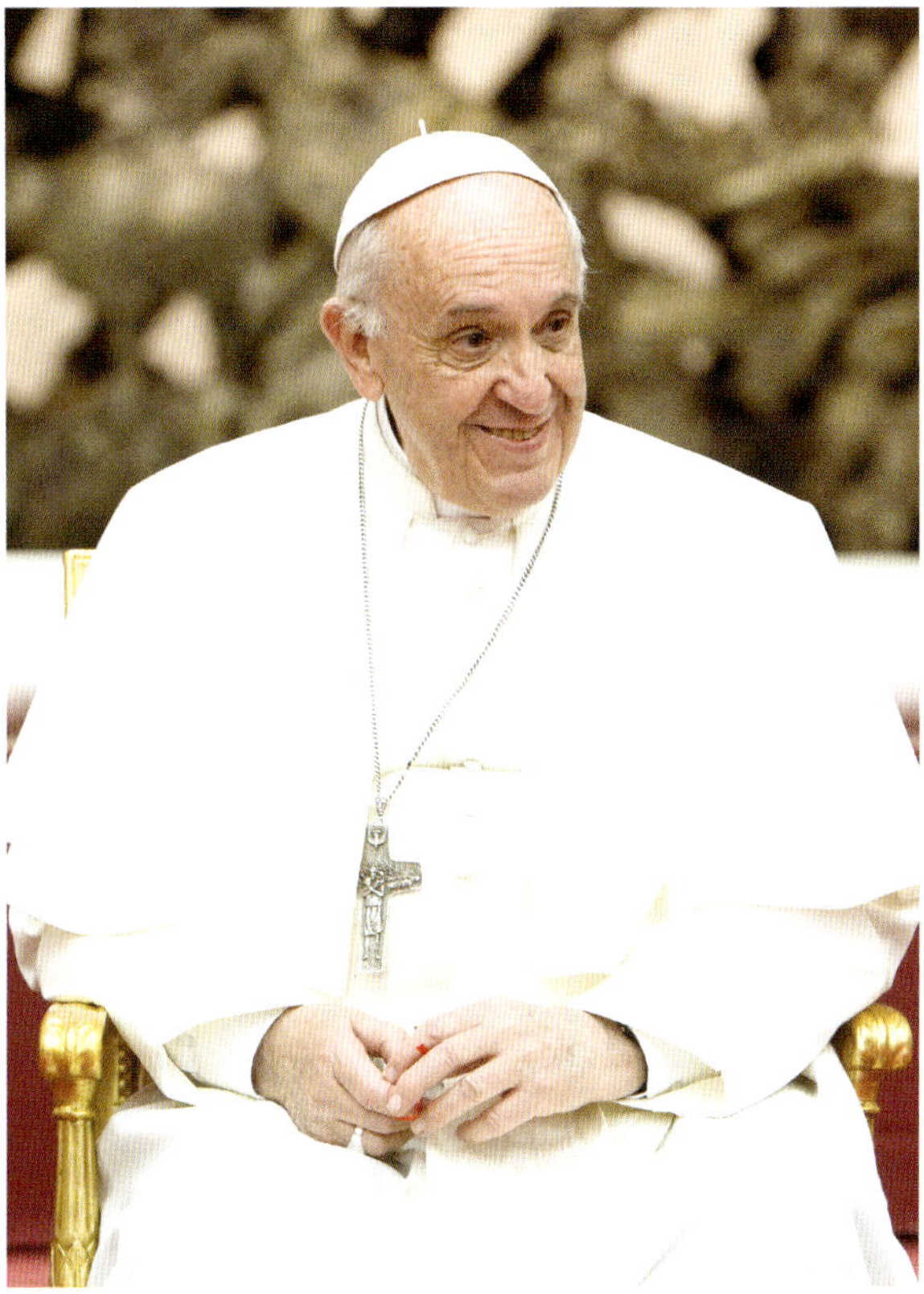

新教皇の選出にあたり、ベルゴリオ枢機卿自身は「フランチェスコ」とイタリア語で発音したが、日本ではアシジの聖フランシスコの呼び名が定着しているので、「教皇の名称は、教皇庁大使館の通知を受けて、今後は教皇フランシスコと呼ばれる」（カトリック中央協議会二〇一三年三月十五日付）と定められた。

（憐れみ、そして選ばれた）は、聖ベーダ・ヴェネラビリス司祭の説教の言葉から取られている。聖ベーダは、使徒聖マタイの召命のエピソードを次のように解説している。「イエスは徴税人（マタイ）を見つめ、『憐れみ、そして選ばれ』、わたしについてきなさいと言った」

この言葉は、教皇フランシスコの霊的生活において特別な意味合いをもつことになった。

一九五三年の聖マタイの祝日に、十六歳だったホルヘ・ベルゴリオは、その人生における神の憐れみの現存を強く体験した。そのとき、神の憐れみが自分自身の心の奥底に下ってきたことを強く感じたと、後に告白している。そして、神はイエズス会創立者聖イグナチオ・ロヨラにされたように、優しい愛のまなざしをもって彼を修道生活に召された。

ベルゴリオ神父が司教に選ばれたときに司教紋章のモットーとした聖ベーダの「憐れみ、そして選ばれた」を、教皇紋章の中にも使用することを望まれたという。

アシジの聖フランシスコ

コンクラーベでの得票数が全体の三分の二を超え、教皇選出が確定的になった際、隣に座っていたブラジルのクラウディオ・フンメス枢機卿から「貧しい人々のことを忘れないでほしい」と言葉をかけられたベルゴリオ枢機卿は、清貧と平和の使徒であった中世イタリアの聖人アシジのフランシスコのことを思い浮かべ、自らの教皇名に決めたという。

生涯を修道士として生きた聖人アシジの聖フランシスコは、枢機卿時代から常に「つつましさ」「貧しさ」を心がけていた教皇にふさわしい名前と言えるだろう。

世界中で愛されている聖人の一人、アシジの聖フランシスコとはどのような人物なのだろう。

一一八二年、イタリア、アシジの裕福な織物商の家に生まれ、快楽を求め自由奔放な青春時代を過ごしたフランシスコだが、騎士になることを望み、戦場に赴いたところ捕虜となり、帰郷後もしばらく病の床に就く。快復後、今まで心を楽しませていたものが虚しく感じられるようになり、夢の中でイエス・キリストに出会い、イエスに従う決心をした。

持ち物を貧しい人々に与え、自らは粗末な服をまとい、ローマ中を巡礼。アシジに戻ったフランシスコが、壊れた聖堂で祈っていたとき、教会を建て直すようにとのイエスの声を聞き、すぐに聖堂の再建を始めた。彼の父は、教会のために家の財産が費やされることを嫌い、フランシスコが財産を継ぐことを放棄する法的手続きをとり、勘当した。

しかしフランシスコはいっそうキリストの言葉に従い、同志を集め、清貧と愛の生活を続けて多くの人々を感化し、当時の乱れた教会を改善していった。一二〇九年に「小さき兄弟会」、後の「フランシスコ会」を創立した。

一二二四年に聖痕（キリストが十字架につけられたとき受けた五つの傷）を受けたといわれているフランシスコの生涯は、キリストのしもべとして貧しく愛にあふれるものであり、現代まで世界中の人々に大きな影響を与え続けている。

ラファエロ「アシジの聖フランシスコ」

ジョットによるフレスコ画「聖痕を受ける聖フランシスコ」（左）と「着物を返す聖フランシスコ」（右）

教皇フランシスコと「結び目を解《ほど》く聖母マリア」

ジョセフ・マカダム　マカダム・雪子

心の中からほとばしる聖母マリアへの崇敬

二〇一三年三月十三日、第二六六代ローマ教皇に選出された教皇フランシスコは、翌朝八時ごろ、ドムス・サンタ・マルタの宿泊先からひっそりと出て、サンタ・マリア・マッジョーレ大聖堂へと車で向かわれました。

手には、小さな花束が携えられていました。大聖堂の奥にあるチャペルの祭壇の上には、聖母マリアのイコンが飾られています。教皇はイコンの前に花束を献《ささ》げ、ひざまずいてしばらくの間、沈黙して祈られました。そして、教会に着いたときと同様、静かに立ち去られました。教皇としての最初の日の出発を、フランシスコは、教会と教皇自身への御加護を聖母マリアにお祈りすることで、始められたのです。

教皇就任後にサンタ・マリア・マッジョーレ大聖堂で聖母マリアに祈りをささげることは、フランシスコが最初に行ったわけではありませんが、彼の前のどの教皇も、これほど速やかに聖母マリアに祈りをささげた教皇はおられません。教皇フランシスコのこの最初の行動は、言い換えれば頭で考えた理《ことわり》ではなく、心の中からほとばしる聖母マリアに対する強い信仰の証《あか》しであり、まさに愛の実践だったのです。

このニュースを聞いた世界中の人々は、不思議に思われたかもしれません。しかし、彼の母国アルゼンチンでは、聖母マリアに対する教皇フランシスコの献身的な信心は、ずっと以前から人々の間で知られていたことだったのです。

アウグスブルクでの出会い

一九八六年、ホルヘ・マリオ・ベルゴリオ神父（教皇フランシスコ）はドイツ、フランクフルト市のイエズス会が運営する神学校、聖ゲオルク神学院に在籍していました。

その間に、汽車で三時間ほど離れたアウグスブルク市を訪れ、市の中心の市庁舎広場にある聖ペトロ・ペルラッハ教会で、初めて〝結び目を解《ほど》く聖母マリア〟という絵画を見られたのです。

ベルゴリオ神父は非常に心を打たれ、複製をつくる許可を得てこの画像の絵葉書をアルゼンチンに持ち帰り、手紙を出すたびに、このカードのコピーを同封して送り始めました。

また、友人の画家がこの画像の小型油彩画を描いてくれたのです。この絵は、ベルゴリオ神父が働いていたブエノスアイレスにあるイエズス会が母体のサルバドール学院のチャペルに掛けられました。

のちに、この絵画に魅了された人々の願いで、より大きな絵画が描かれ、これを見たブエノスアイレスのサン・ホセ・デル・タラール教会の司祭の熱望で彼の教会で飾られるようになると〝結び目を解く聖母マリア〟への信心は瞬く間に広がりました。

聖ペトロ・ペルラッハ教会のバロック様式絵画〝結び目を解く聖母マリア〟は、高さ約一八〇センチメートル、幅約一一〇センチメートルで、中央の聖母マリアは天使たちに囲まれ、聖霊の力によって守られています。両足は悪魔を表す蛇の頭を踏み押さえ、手には結び目のある白いリボンを持ち、穏やかにその結び目を解いています。

サン・ホセ・デル・タラール教会（左・外観）内に飾られている「結び目を解く聖母マリア」

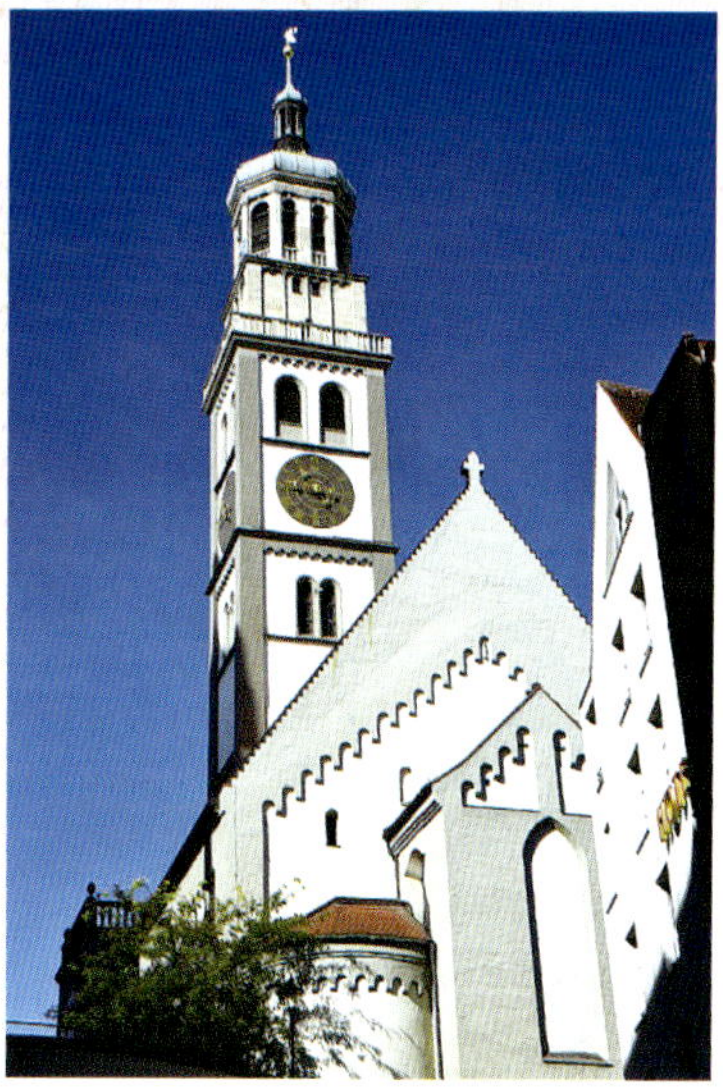

アウグスブルクの市庁舎広場にある聖ペトロ・ペルラッハ教会

両側に描かれた二位の天使たちは、聖母マリアの手伝いをしています。向かって右側の天使は、結び目のついたリボンを聖母マリアに手渡し、向かって左側の天使は、結び目の解かれたリボンを受け取っています。この天使は、結び目の解かれたリボンを私たちの前に差し出してでもいるかのようです。

聖母マリアの下に見える人物像は、貴族のヴォルフガングが大天使ラファエルに伴われて修道院に向かっている姿、また、犬を連れたトビアスと大天使ラファエルの物語を表しているともいわれています。

聖ペトロ・ペルラッハ教会の「結び目を解く聖母マリア」

結び目を解く聖母マリアの物語

〝結び目を解く聖母マリア〟の絵が描かれた背景には、どのような物語があったのでしょう。

ドイツの貴族ヴォルフガング・ランゲルマンテル（一五六八〜一六三七）は、妻が彼との離婚を望んでいたことに悩み、英知と敬虔さで尊敬されていたイエズス会のレム神父のもとに相談に行きました。

　当時のドイツでは結婚式のとき、生涯添い遂げることを象徴的に示すため、ウエディング・リボンで新郎・新婦のそれぞれ片方ずつの腕を一つに結ぶ習慣がありました。何回目かにレム神父を訪問したとき、ヴォルフガングは、今はからみ合ってしまっていた自分たちの結婚式のときのウエディング・リボンを持っていきました。

　レム神父は、彼らの結婚生活の、もつれてからみ合ってしまった困難な問題がほぐれるように、ウエディング・リボンのからまりを解きながら聖母マリアのご像の前で熱心に祈りました。するとこの祈りが聞き入れられ、ヴォルフガングは離婚を避けることができ、それ以後は生涯幸福な結婚生活を送ることができたのです。

レム神父

　一七〇〇年、新世紀を祝福するために、貴族ヴォルフガングの孫のヒエロニムス・ランゲルマンテル神父は当時の習慣に則って、聖ペトロ・ペルラッハ教会に家族の祭壇を設置することになりました。その際、神父は画家のヨハン・シュミットナーに、祭壇の上に据える絵を描いてほしいと依頼しました。

　彼が、神父の祖父のヴォルフガングとレム神父との間に起こった物語に感銘を受け、この話をテーマにして描き上げた絵が、〝結び目を解く聖母マリア〟の呼び名で崇められるようになりました。

世界中に広がる信心

　十八世紀末までは、〝結び目を解く聖母マリア〟への信心はドイツ国内に留まっていましたが、一九八六年、チェルノブイリ原発事故の大惨事の後に、このマリアの執り成しを願う被災者の人々の間で、この聖母マリアへの信心が大きく広がりました。

　やがて、この〝結び目を解く聖母マリア〟の名をいただく最初のチャペルが、オーストリアに建設されました。そして、アルゼンチン、ブラジル、さらにヨーロッパやアメリカなどで崇敬されるようになり、〝結び目を解く聖母マリア〟の名を冠した教会が各地に造られ、広く世界中に知られるようになったのです。

　教皇フランシスコが、いかに聖母マリアに深い献身と信頼を抱いているかは、前教皇ベネディクト十六世が教皇に選出されたとき、ベルゴリオ枢機卿（当時）が、この〝結び目を解く聖母マリア〟が刻まれたカリス（聖杯）をお祝いに贈られたことでもわかります。

　そしてこのたびの教皇フランシスコの就任にあたっては、前教皇のカリスをつくった親友の銀職人が、ハンマーの一振り、一振りを世界中の何百、何千という人々に頼んでつくりあげた〝結び目を解く聖母マリア〟が刻まれたカリスを、教皇フランシスコに贈られました。

　アルゼンチンでの〝結び目を解く聖母マ

リア〟への信心は、ベルゴリオ神父がドイツでこの絵に心を打たれたことに端を発しているといえるでしょう。〝結び目を解く聖母マリア〟への信心は、アルゼンチンからラテンアメリカ全体、また、他の国へと広がり、その広がりは今も続いています。

あらんかぎりの信頼を聖母マリアに寄せて

聖母マリアが解く結び目とは何を意味しているのでしょう。それは、初めの物語のテーマでもあった結婚生活の困難さをはじめとして、私たちの生活の中の多様でさまざまな問題、私たちの罪の問題といえるでしょう。

私たちは健康、仕事、争い、家族、あるいは個人的な問題などで聖母マリアに執り成しを願うため、祈りをささげるのです。

そして〝結び目を解く聖母マリア〟の魅力は、私たちがこの聖母マリアを身近に、親しみやすく感じることにあります。私たちは、結び目を聖母マリアに解いていただけるよう願い、マリアは〝カナの結婚〟のときと同様、私たちを御子イエスへと導いてくださるに違いありません。

かつてベルゴリオ神父は母国アルゼンチンで〝結び目を解く聖母マリア〟について、いつもこのように言っておられました。

私たちは心の中に結び目や弱点、問題などを抱えています。そのため、ときには困難なことに出遭うかもしれません。

しかし、私たち一人ひとりに、限りない恵みを与えてくださる御父は、私たちが聖母マリアにあらんかぎりの信頼を寄せてほしいと願っておられるのです。

また、主は、御父との一致を妨げている私たちと不幸や苦難などを聖母マリアがあずかってくださることを望んでおられるのです。

そうすれば聖母マリアが結び目のからまりを解いてくださり、御子イエスに私たちをより近づけてくださるでしょう。

これが、あの絵の意味するところです。

教皇フランシスコのゆるぎない信仰は、御子イエスに執り成してくださる聖母マリアに対する、絶対的な信頼の上に成り立っているといえるのではないでしょうか。

2005年、ベルゴリオ枢機卿（当時）から送られた「結び目を解く聖母マリア」が刻まれたカリスを見る教皇ベネディクト16世

世界中の人々が一振りずつ刻んだカリスを受け取る教皇フランシスコ

Joseph Macadam
1934年アルゼンチン生まれ。10年間、イエズス会に所属（その間に、1964年来日）。のち、大阪教育大学、龍谷大学教授。現在は退職して、ボランティア、同時通訳者として従事。

マカダム雪子
1945年愛媛県生まれ。日本ペンクラブ会員。

私の知っている教皇フランシスコ

アグスティン・ラドリザニ大司教の証言

親愛なる皆さん

私たちアルゼンチン人にとって、私たちの司教団の兄弟の一人が、ペテロの船を導くようにと選ばれたという大変素晴らしい恵みですから、私は、フランシスコ教皇について、何か書いてくれという依頼を断るようなことはできませんでした。

◆◆◆

私は、ホルヘ・マリオ・ベルゴリオがブエノスアイレス補佐司教として、司教協議会のメンバーの一人となった一九九二年に、初めて彼を知る機会を得ました。

新司教は誰でもミサ聖祭を司式する恵みを受けるのですが、その際にベルゴリオ司教が説教で述べたテーマを、私はいまだによく覚えています。それは〝parrhesia《パーレシア》〟でした。

〝parrhesia〟とは、かつて、使徒たちの時代に使われていた言葉です。それは勇気、信頼、真実を語る大胆さ、初代キリスト者たちがもっていて、自分たちの信仰を力強く表した霊的な態度を無条件に表現するもので、実は、わかりやすく明確に訳すことが難しい言葉です。

私は、兄弟であるベルゴリオ司教が、その言葉を真剣に受け止め、それを深く信じていることを理解しました。

◆◆◆

時の流れとともに、私は、彼が善良で、聴く耳をもつ親しみやすい人物で、人間的資質に富み、同時に高い知性をもった、非常に直観力のある人間だということを発見しました。

私は、ブエノスアイレスのセラ司教の言葉を思い出します。

セラ司教によると、ベルゴリオ司教は非常に早起きで、祈りと沈思黙想、反省に時間をかけているとのこと。この話は、ベルゴリオ司教の特徴である鋭敏で、迅速な判断を下すための力の源になっているように思いました。

ベルゴリオ司教が二期、議長を務めた司教協議会では、彼は交わりを促進させることができました。また、枢機卿に叙任後は、私たちがあまりなじみのなかった兄弟を協議会に加入させ、その人たちが、情報や司牧上の問題を深めるために大変助けになるということを、私たちに改めて気づかせたものです。

◆◆◆

私は、二〇〇七年十二月十七日の経験をよく覚えています。

その日の朝、ローマ教皇大使が私を呼び、教皇聖下が私にメルセデス・ルアンの大司教区の司牧を引き受けてほしいとおっしゃった、ということを伝えました。

　そこで私は公邸からベルゴリオ枢機卿（現教皇）に会いに行きました。彼は、喜んで私に会ってくださり、次のように言われました。

「今日は私の誕生日ですが、この知らせは、私にとって誕生日の最高の贈りものになりました。これは、聖母からの贈りものです！」

◆◆◆

　ベルゴリオ枢機卿が教皇フランシスコとなられた後も、ルアンの大聖堂に対して、特別な敬愛の念をもっておられたと思います。この大聖堂は、私たちアルゼンチン国民の司教座です。何百万の人々がこの場所に来て、感謝をささげ、願いを託します。家族、夫婦、老いも若きも、病の者も、貧しい者もすべての兄弟姉妹たちはこの聖地へ来て、聖母に心のうちをさらけ出すのです。

　教皇フランシスコのこの聖母への強い愛には、イエス・キリストへの絶対的な愛が伴います。イエスとマリアに対する、この力強い献身が、彼の福音解釈や、華美を好まない質素なライフスタイルにうかがわれると思います。

◆◆◆

　教皇フランシスコがもう一つ敬愛されるものは、聖なる教会です。彼の絶えざる熱望は、現代世界の人々が、パウロ六世の確信されたことを意識し、信用ある証しを勝ち取る教会となることです。

　現代社会では、証し人が求められています。今日、神が彼をペテロの後継者にお選びになったのは、彼が司教、枢機卿時代から、証し人となること、奉仕活動において、日常生活において、キリストの姿に倣い、神の慈愛を述べ伝えることを絶え間なく続けていたからでしょう。

　教皇フランシスコの働きは、彼が慈愛深い御父と御子と聖霊へ、また、聖なる教会と貧しい人々への深い愛を表すかぎり、教会内のみならず、全世界にとって祝福となることを疑いません。

　教皇フランシスコの生き生きとした姿勢は、キリスト者たちを動かし、力強い成果をもたらすでしょう。そして世界中が、使徒たちの時代のように「人々は神の救いを見た」という熱い思いで再び満たされることを信じます。

　教皇フランシスコの信条は、御自分の確信や行動をとおして自ら示しておられる願望のうちに表れています。彼の勇気の前に、世界は無関心ではいられるはずはありません。

　教皇フランシスコの存在は、信仰の喜びを見いだすことを望みながら戸惑っているこの世界の中で、神の摂理による祝福となることでしょう。

　教皇フランシスコという贈りものをくださった神に感謝しましょう。そして、神の愛の仲介者となった教皇フランシスコに感謝しましょう。

　弟の愛をこめて。

Agustín Radrizzani
サレジオ会司祭。二〇一三年四月、教皇フランシスコ就任時はアルゼンチン、ブエノスアイレスの大管区メルセデス・ルアンの大司教。

幸せに生きるために

「人生をより幸せにするための10項目」を挙げられた。

1 互いにゆるし合う

誰もがこの原則に従うべきで、平和と幸せへの第一歩です

2 人のために自らをささげる

自分の殻に閉じこもってしまうと、自己中心的になってしまう危険があります。
そして、よどんだ水は腐ってしまいます。

3 落ち着いて行動する

親切さと謙遜さ、落ち着きをもって人生を送っていく能力をもつようにしましょう。

4 健全な余暇を過ごす

美術や音楽に触れ、子どもたちと遊ぶという過ごし方が失われてきました。「消費主義」はわたしたちに不安とストレスをもたらします。親たちは、たとえ長時間働いていようとも子どもたちと遊ぶ時間をつくるべきです。家庭では食事の際にテレビを消しましょう。ニュースを知るのに便利でも、食事中につけておくと互いに意思の疎通ができなくなります。

5 日曜日は家族と過ごす

働く人は、日曜日は休むべき。日曜日は家庭のためにあります。

アルゼンチンの雑誌のインタビューに答えて教皇フランシスコは

6 若者たちの就職を助ける

わたしたちは若者たちのために工夫をしなければなりません。

就職の機会がなければ、若者たちは薬物に走り、自らを滅ぼします。家に食費をもたらすことができれば、尊厳を感じることができます。

7 自然を保護する

創造を保護しなければならないのに、わたしたちは何もしていません。これはわたしたちにとって、最重要課題の一つです。

8 悪いことはすぐに忘れる

他の人を悪く言う必要があるということは、自尊心が低いことを示しています。つまり、自分は気分が良くないので、他人をおとしめることによって自分をもちあげようとするのです。

良くないことはすぐに忘れるほうが健康的です。

9 他の人の信条を尊重する

わたしたちは証しによって他の人に刺激を与え、コミュニケーションを続けることで互いに成長することができます。何よりも最悪なのは改宗を迫ることです。それでは動けなくなってしまいます。

教会は引きつけることで成長するのであって、改宗を迫るものではありません。

10 積極的に平和を求める

わたしたちは戦争が多い時代に生きています。平和への訴えを叫ばなければなりません。

ときに平和はおとなしくしていることという印象を与えますが、決して静かなものではないのです。

平和はいつも活動的なものです。


日刊紙「クラリン」日曜版の付録雑誌「ビバ」2015年7月27日付掲載インタビューより

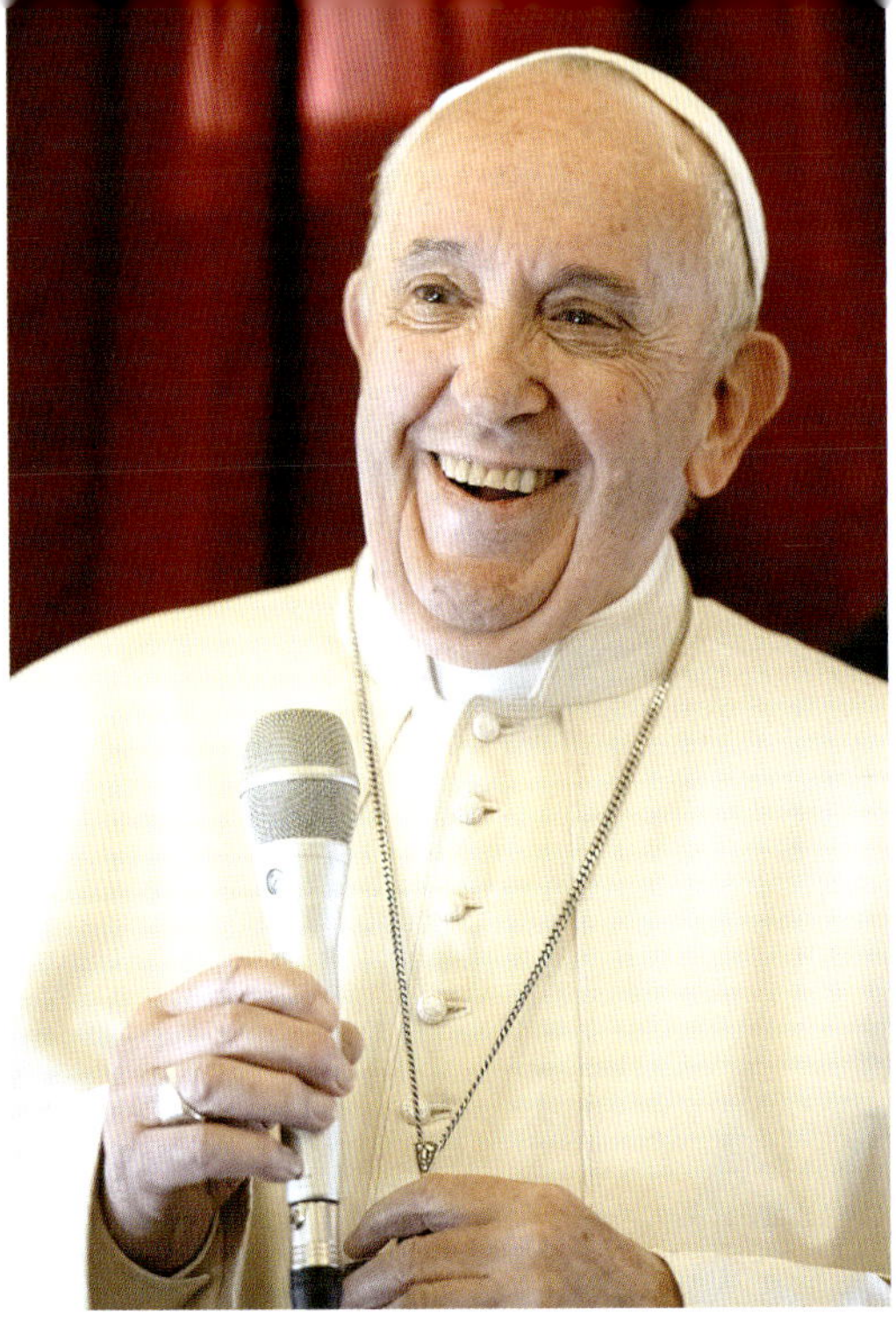

世界の人々に伝えたい思い

教皇フランシスコの言葉

2013年

三月二十八日

教皇フランシスコはローマ市内のカサル・デル・マルモ少年院で、復活祭前の聖木曜日の「主の晩餐のミサ」を司式された。このミサではイエスが最後の晩餐で弟子たちの足を洗った出来事（ヨハネ13・1〜13）を思い起こす「洗足式」が行われるが、教皇は少女二人とイスラム教の少年を含む十二人の若者たちの足を一人ずつ心を込めて洗われ、人に奉仕すること、互いに助け合うことについて、少年たちに語られた。

「これは感動的なことです。イエスが彼の弟子たちの足を洗うのです。ペトロは何もわからず、それを断わります。しかし、イエスは彼に説明しました。イエス、つまり神がこれをしたのです！（中略）これは何を意味しているのでしょうか？そ

カサル・デル・マルモ少年院での洗足式

れは、わたしたちが助け合わなくてはいけない、ということです。

わたしも時々、誰かに腹を立てたことはあります。でも、気にすることはありません。気にしないことです。誰かが助けを求めたら、助けてあげなさい。互いに助け合うように、これがイエスの教えです。そして、これがわたしのすべきこと、わたしはこれを心を込めてします。司祭として、司教として、わたしは皆さんにお仕えしなくてはなりません。でもこれは心から湧き出る奉仕です。こうすることを愛しているのです。主がわたしにこのように教えられたのです。

あなたたちも、わたしたちを助けてください。わたしたちをいつも助けてください。互いに助け合えば、お互いのために良いことになるのです。わたしたち一人ひとりが考えましょう。ほんとうに自分は他の人を助ける準備ができているか？と。これだけを考えてみてください。そしてこれが、イエスが皆さんに優しく触れるしるしだと思ってください。イエスはまさにこのため、わたしたちに仕え、助けるために来られたのです」

2014年

七月二十八日

第一次世界大戦の開戦から百年を迎えて。

「戦争はすべてを失い、平和はすべてを得ます。二度と戦争を起こしてはいけません。戦争は子どもたちから希望と尊厳ある生活、未来を取り上げてしまいます。亡くなった子どもたち、負傷した子どもたち、親を失った子どもたち、兵器の残骸を玩具のように手にする子どもたち、笑わない子どもたちを思ってください。心からお願いします。戦争を今、止めてください」


フォリアーノ・レディプーリアの軍事墓地は、第一次世界大戦におけるイタリアとオーストリア・ハンガリー帝国との激戦地に造営された。第一次世界大戦ではおよそ百万人のイタリア人が戦い、六十五万人以上が戦死した。教皇フランシスコの祖父ジョバンニ・ベルゴリオもイタリア軍の召集を受けて、軍事墓地近くでのイゾンツォの戦いに参加したという。

二〇一四年九月十三日には、教皇フランシスコが訪問し、平和を願うミサを行い、過去の過ちを繰り返さないように促された。

イタリア、フォリアーノ・レディプーリアにある
第一次世界大戦の戦死者を弔う軍事墓地

2015年

七月二十一日

バチカンで社会・環境問題を考えるワークショップに参加者の一人として出席した教皇フランシスコは、原稿を用いずにスペイン語で意見を述べた。

「エコロジーに対する認識が欠如したまま、わたしたちの手で地球の環境破壊が進んでいることを知るべきである。教皇庁や国々や国連が立派な演説をすることができても、その意識改革が辺境から中央に向かって起きないならば、意味がない」

八月九日

バチカンで行われた日曜正午の祈りにおいて、教皇フランシスコは、広島と長崎への原爆投下から七十年に言及。戦争と暴力のない世界と、核兵器の廃絶、対話による平和構築を強くアピールされた。

「七十年前、一九四五年八月六日と九日、広島と長崎に恐ろしい原子爆弾が投下されました。長い時が過ぎた今も、この悲劇的な出来事は恐怖と反感を引き起こします。この出来事は、科学と技術の進歩がゆがめられて用いられるときの、人間の計り知れない破壊的な力のシンボルとなりました。そしてこれは、戦争を永久に放棄し、核兵器とあらゆる大量破壊兵器を廃絶するようにとの、人類への永続的な警告となりました。

この悲しみの記念日は、世界に兄弟愛の倫理と人民間の平穏な共存の土壌を広げるために、何よりも平和のために祈り、努力するようわたしたちに呼びかけています。

東方正教会のコンスタンチノープル・エキュメニカル総主教バルトロメオ一世とローマ教皇フランシスコは二〇一四年五月二十五日、聖地エルサレムにある聖墳墓教会で会談を行い、互いの深い兄弟的絆の確認や、教会の一致に向けた歩みにおける神学的対話、神の愛に対する共通の証しなど、十項目にわたる共同声明に調印した。

2014年5月26日、
イスラエルの嘆きの壁で祈る
教皇フランシスコ

すべての地からただ一つの声が上がってきます。戦争と暴力には『ノー』と、対話と平和には『イエス』と。戦争は常に敗北です。戦争に勝つ唯一の方法、それは戦争をしないことなのです」

九月六日

教皇フランシスコは、バチカンで行われた日曜正午の祈りの席で、ヨーロッパ全土の各小教区・修道共同体・修道院・巡礼聖堂に向け、福音を具体的に形として表し、それぞれが難民の一家族を受け入れるよう呼びかけた。

「死と戦争と飢えから逃れるために、新しい生活への希望に向かって歩んでいる数万人もの難民を前に、福音はわたしたちに最も小さく見捨てられた人たちの『隣人』となるように招いている。ただ『元気を出して、頑張れ』と言うだけでなく、彼らに具体的な希望を与えることが大切である。バチカンにある二つの小教区はここ数日に難民の二家族を受け入れるだろう」

2017年

三月

核兵器を法的に禁止する条約の制定をめぐる核兵器禁止条約交渉会議が、三月二十七日から三十一日までニューヨークの国連本部で行われ、教皇フランシスコがメッセージをおくられた。

「国連憲章の第一条は国際連合の目的として最初に平和を挙げています。全人類の破壊の可能性をもつ相互破壊の脅威に基づいた倫理や権利は国連の精神に反するも

二〇一五年の国連総会において、開発目標として持続可能な開発のための二〇三〇のアジェンダが採択、パリ気候変動会議では、地球温暖化を遅らせる、あるいはその影響を低減させるために各国が計画を策定し、その責務を担っていくことになった。それと歩調を同じくして教皇フランシスコが回勅『ラウダート・シ』を発布。エコロジー問題を人類の中心課題として、消費主義的なライフスタイルを転換するよう訴えた。「LAUDATO SI'」（ラウダート・シ）とは「あなたはたたえられますように」という意味。全被造物と一つになって主をたたえる、アシジの聖フランシスコの「太陽の歌」で繰り返されるフレーズである。

の、わたしたちは核拡散防止条約の完全な履行をとおして、核兵器のない世界のために取り組まなくてはなりません。テロリズムや紛争、情報セキュリティー、環境問題、貧困などの課題に対して、核の威嚇で答えることの適応について疑問を抱かざるを得ません。

核兵器の脅威に答えるには、相互の信頼のもとに、問題を共有する姿勢が大切です。固有の利害ではなく共通善を真剣に追求する対話が必要。人類は共通の家を築くための力をもっています。わたしたちは自由と、知性、技術を見極め、正しく導く力をもっています」

2018年

一月十六日

一九四五年にジョー・オダネルによって撮影された長崎の原爆被害者の姿の写真をカードに印刷し、配布することを希望した教皇フランシスコは、訪問先の南米に向かう機内でこのカードについて同行の記者団に語られた。

「世界は核戦争のまさに瀬戸際にあると思う。写真を見て胸を打たれた。これを印刷して配布したいと思った。このような写真は千の言葉よりも人の心を動かし得る。皆さんと共有したいと思ったのもそのためだ」

カードの裏には、「戦争が生み出したもの」という文言と、自身の署名が記載されている。

「焼き場に立つ少年」

手元に「焼き場に立つ少年」と題した一枚の報道写真のコピーがあります。長崎への原爆投下後、記録収集のため同地に入ったジョー・オダネルが撮った有名な写真です。

赤ちゃんをおんぶし裸足で焼き場に来た十歳くらいの少年。何を見据えているのか、焼き場のふちに凛として十分ほど佇んだ後、白いマスクをした男たちが近づき、ゆっくりとおんぶ紐を解き、背負われてきたその幼子をそっと熱い灰の上に横たえる。そこから立ち上った真っ赤な夕日のような炎を直立不動のまま見据える少年。きつくかみ締められた少年の唇には血がにじんでいる。炎が鎮まると、少年はくるりときびすを返し、沈黙のまま焼き場を去って行ったと、ジョー・オダネルは証言しています。

八月十四日

アメリカ合衆国、ペンシルベニア州の司法当局は、同州のカトリック聖職者による未成年者性的虐待について大陪審が二年かけてまとめた調査レポートを、公表した。過去七十年間に同州カトリック教会の聖職者によって起こされた未成年者への性的虐待による被害者は千人にのぼり、全体的にはさらに多くの被害者の存在が推測されている。同報告書は、事件に関与した者の名前を記すとともに、カトリック教会がこれらの事件を組織的に隠蔽《いんぺい》してきたことを指摘している。

八月二十日

教皇フランシスコは、被害者の苦しみを自分たちのものとし、この犯罪を前に、自分たちが悔い改め、勇気をもってこれと戦う決意を表明できるよう聖霊に回心《かいしん》の恵みと心の内面への塗油《とゆ》を祈り、全教会に回心と祈りを呼びかける「神の民への手紙」と題された書簡を発表された。

教皇の書簡は、「一つの部分が苦しめば、すべての部分が共に苦しみます」（一コリント12・26）という、聖パウロの言葉で始まる。

「聖職者や修道者から性的虐待を受けた未成年者たちの苦しみを思うとき、聖パウロのこの言葉が心に響くのを感ぜざるを得ない」

「未成年者虐待の犯罪は、被害者は当然のこと、その家族、また社会全体をも深く傷つけることになった」

「被害者とその家族の苦しみは、わたしたちの苦しみである」

と述べた教皇は、そのためにも未成年者と無防備な立場にある成人の保護を保障する取り組みを急務として呼びかけている。

被害記録写真に人を撮ることを厳禁されていた当時、オダネルは何ものかに動かされるように、厳粛で預言的なこの一枚の写真をとおして託された真の任務を果たしたのです。

古巣馨「そして、イエスの母がそこにいた」
（カトリック生活二〇一一年五月号）より

また、過去七十年間にわたる聖職者による未成年者への性的虐待に関する調査書（アメリカ・ペンシルベニア州）に言及。

「この資料において大多数のケースは過去のものであるが、被害者たちが負った傷は決して消えることはない。この死の文化を撲滅するために努力しなくてはならない」

「被害者たちの苦悩が長い間、無視され、隠されてきたこと、また問題を解決すべき関係者らが共犯性により事態をより悪化させたこと、教会共同体が自分たちの立場を見極めることができず、適切な対応が遅れたことを、恥と悔い改めの念をもって認める。わたしたちは小さくされた人々をないがしろにし、見捨ててきた」

「被害者に手を差し伸べ、あらゆる人の心身を危険に陥《おとしい》れかねないすべてのものを訴える必要がある」

「未成年者と無防備な立場にある成人を保護するため、あらゆる対策と処罰を行う」

と過去の反省を踏まえ、連帯のより一層の重要性を述べられた。

2019年

九月二十九日

教皇フランシスコは、カトリック教会の「世界移民・難民の日」（テーマ「移民だけの問題ではない」）に先立ち、ビデオメッセージをおくられた。

「『これらの小さな者を一人でも軽んじないように気をつけなさい。言っておくが、彼らの天使たちは、天でいつもわたしの天の父の御顔を仰いでいるのである』（マタイ18・10）

これは移民だけの問題ではありません。それは、誰一人疎外されてはならないという問題です。

今日の世の中は、日ごとにエリート主義が拡大し、疎外された人々に対し、より冷酷になっています。発展途上の国々は、彼らの最良の天然資源、人的資源を、わずかな選ばれた市場のために使い果たし続けています。

戦争は、世界のいくつかの地域のみで起きています。しかしながら、武器の製造と販売は別の地域で行われています。それでいながら、彼らは紛争によって発生した難民を受け入れ、世話することは望まないのです。

平和についてしばしば語っても、一方で武器を売っています。これは偽善ではないでしょうか。

この結果に苦しむのはいつでも、小さく、貧しく、弱い立場にある人々です。彼らはテーブルにつくことも妨げられ、彼らに残されるのは、宴会のパンくずだけです。「外に向かう教会」は、勇気をもって行動を起こし、出会いを求め遠くに出かけ、道が交わる場所に到着し、そこで、わたしたち自身が社会として疎外している人々を招きます。

特権主義的な発展は、富のある人をより富ませ、貧しい人をより貧しくします。

真の発展は、受容すること、受容的であることです。それは世界のすべての人を加え、彼らの統合的成長を促し、未来の世代を考えることです。

真の発展は、受容的で、実り多く、未来に眼差しを投じることなのです」

VATICAN NEWSより

教皇に選出されてから一番嬉しかったことはなんですか？

自分にとって喜びは一つのことではなく、多くのことが一緒になって大きな喜びを形づくっています。中でも人々、特に子どもたちやお年寄り、病者の方たちとの出会いは、喜びの源となっています。

宗教の重要性とは？

あらゆる真の宗教性は人を成長させ、自分自身をも超越させ、他人への奉仕を教えます。神を礼拝しても、他人に奉仕しないならば、キリスト者とは言えません。

大学教育の目的で一番重要なものは何ですか？

出世や成功だけを追い求めることは、人を成長させるのではなく、消耗させる教育です。それは実力主義に奉仕するものであり、すでに実力主義的な社会の中に実力を中心に据えることは、ときに悪い結果をもたらすことになります。他人への奉仕の視点のない教育は失敗に向かいます。自分だけを見つめる教育は危険です。

環境と貧困の問題については？

今日、人類は環境問題を真剣に考えるか、あるいは人類の破滅に向かうかの選択を迫られています。地球の環境に対して責任をもち、それを大切にする必要があり、同時に利益のためにすべてを犠牲にする経済中心主義によるエコロジー上の不均衡は、社会の不平等に影響を与え、新しい貧困を生んでいます。

今日の若者に対する心配と希望は？

若者が文化や、歴史、家族、人類のルーツや記憶を忘れると、根の無い、成長できない人間となってしまいます。若者は常に動きまわり、目的に向かって歩んでいますが、ルーツにしっかりとつながることで、現状の課題と向かい合うことができるでしょう。

2017年12月18日上智大学（東京都千代田区）において行われた、映像回線による教皇フランシスコと上智大学大学生の質疑応答より

教皇フランシスコと話そう

日本国民を大変愛していると述べた教皇は、映像回線による対話の試みを喜ばれるとともに、日本は現状に甘んじないその精神によって、長く続く偉大な文化をつくっていくだろうと語られた。

日本への印象は？

日本人は理想や深い宗教性をもち、働き者であると同時に、大変苦しんだ民族であるという印象をもっています。日本の過度な競争社会、消費主義、実力主義は、この国が本来もっている大きな力と理想を害し、削いでしまう恐れがあるでしょう。

移民問題については？

歴史的観点から見ると「人間とは移民」です。ヨーロッパの移民問題は第二次世界大戦以来の悲劇、戦争や貧困から逃げる移民を拒絶してはいけません。彼らは一人の人間であり、受け入れ、統合する必要があります。

ご自分に対してどのようなイメージをもっていますか？

虚栄に陥らないために、「鏡」に映る自分を見ないようにしています。自分自身を判断するために、一日の中で自分がしたこと、決断したこと、取った態度などを振り返る程度で、自分自身は神に愛されている一人の罪びとであるという思いが自分を幸せにしています。

教皇フランシスコの現代社会への思い

就任から六年半の数々のメッセージをとおして

南條俊二

二〇一三年三月に聖ペトロの後継者の座に就かれて六年半。この十二月十七日で八十三歳になられる教皇フランシスコは、今も、年齢を感じさせない目覚ましい働きを続けておられます。

二〇一九年の五月初めの外国訪問の帰途、同行記者たちから「活発な内外の司牧訪問、精力的に活動されるエネルギーと力」の源を問われた教皇の答えは、「神からの賜物」でした。

菊地功・東京大司教は、教皇について「現代社会を支配するさまざまな価値観のただ中に生きながら、神の望まれる世界を実現する道とは異なった道へと誘う価値観に対し、厳しく対峙する姿勢を堅持してこられた。同時に、使徒の頭の後継者として、イエスの福音宣教命令をより積極的に果たしていく姿勢をとることで、世界の教会共同体にキリスト者として生きる道を明確に示しておられる」と語っています。その教皇の振る舞い一つ一つに、「賜物」が生かされているのです。

使徒的勧告、回勅など文書の精力的な発出

具体的には、十一月下旬のタイ、日本訪問で三十二回目となる海外訪問はもちろんのこと、バチカンでの内外要人やさまざまな団体との個別会見、毎週日曜正午のお告げの祈り、水曜日の一般謁見……。

そうした〝日常活動〟にもまして驚嘆させられるのは、教皇の行動規範の柱、「シノダリティ（共働）」と「識別」の表現でもある世界代表司教会議（シノドス）を三回、全世界司教協議会会長会議を一回招集・主宰され、それらの議論などを基にした使徒的勧告、回勅など文書の精力的な発出です。

現代の教会が抱える命題に対する具体的なメッセージを込めた『信仰の光』と世界の環境問題という緊急の課題を取り上げた『ラウダート・シ』の二つの回勅、福音宣教についての基本的立場を明確にされた『福音の喜び』、世界の家庭が抱える多様な現実と対応について二回のシノドスで議論を重

ねた『愛のよろこび』』、「若者、信仰、そして召命の識別」をテーマのシノドスを受けた『キリストは生きている』、そして今の時が求める〝新たな聖性〟のあり方を示した『喜びに喜べ』の四つの使徒的勧告――。

教会の典礼のあり方でも、典礼文の各国語訳について現地司教へ大幅に権限をゆだねる自発教令を出されたほか、『主の祈り』の表現を見直す必要性を繰り返し言明。さらに、教会の現状に合う教区の合併・再編成も、イタリア司教協議会総会で明確に求められています。

数えきれないメッセージ

このような数々の文書などと同じように、あるいはそれ以上に注目されるのは、毎週の日曜正午の祈り、水曜一般謁見はもとより、教会内外の記念日、国際的会合などに際して、教会内外に表明される、数多くのメッセージ、そしてその〝実践〟です。

それは「現在の教会、世界で起きている深刻な問題から顔を背けず、識別力を働かせ、野戦病院たる教会として、考え、行動する」という教皇の信念から出ています。

世界中で平和と正義が大きく揺らぎ、紛争、核兵器、難民、人身売買、そして、AI（人工知能）、ソーシャル・ネットワークの〝兵器化〟など負の側面の増大……。その中で、教皇がご自身の行動とともに発せられたメッセージの中でも重要と思われるものを整理してみましょう。

核兵器と戦争

まず、今回の教皇の来日でも大きなテーマになるとみられる核兵器と戦争。

広島と長崎への原爆投下から七十年を迎えた二〇一五年八月九日の日曜正午の祈りで、教皇は「この出来事は、戦争を永久に放棄し、核兵器とあらゆる大量破壊兵器を廃絶するようにとの、人類への永続的な警告」と訴えられました。

二〇一七年三月下旬の核兵器禁止条約交渉会議に送られたメッセージでは「核拡散防止条約の完全な履行をとおし、核兵器のない世界のために取り組まなくてはならない」と述べ、核保有国、非保有国、軍事関係者、宗教者、市民関係者、国際組織などに対して、互いを非難し合うのではなく、励まし合う対話を要請。

さらに、今年元旦の第五十二回「世界平和の日」教皇メッセージで「よい政治は平和に寄与する」、八月のジュネーブ諸条約締結七十周年に当たっては「戦争とテロは、常に全人類に対する大きな損失、敗北」と訴え、九月一日の第二次世界大戦勃発八十周年の日には「戦争の悲惨を改めて思い起こそう」と訴えられています。

腹立たしいことに、教皇の努力をあざ笑うかのような動きが、「福音宣教の特別月間」の初日、十月一日にいくつも重なりました。

中国が建国七十周年祝賀で史上最大の軍事パレードを行い、広島・長崎に投下された原爆の何倍もの破壊力をもつ核弾頭を十発も搭載する新型大陸間弾道ミサイルを誇らしげに見せつけました。

香港では、中国の意向を受けた警官隊が人権抑圧の動きに反対する民主デモへの規制を強め、デモに参加した高校生の胸に弾丸を打ち込みました。日本の拉致被害者家族の叫びを無視する北朝鮮はこの日、潜水艦発射の核弾頭搭載可能なミサイルを予告なしに、日本の排他的経済水域に打ち込んでいます。

翌日の二日、教皇はバチカンの広報の部署の総会に参加した日本人記者団との会見で、日本のカトリック殉教者たちが、信仰と信教の自由を守ったことに敬意を表するとともに、原爆被爆という「もう一つの殉教」に触れ、地獄の試練に屈しなかった日本人をたたえ、「原爆投下は〝極悪非道〟な行為。原子力エネルギーを戦争に使うのは道徳に反する」と言明されました。前日の出来事も、念頭に置かれていたに違いありません。

移民・難民問題の深刻化に対して

子どもやお年寄りなど弱い人々が犠牲にされている移民・難民問題では、世界の問題地域に自ら出かけられて、人々を励ます一方で、この問題への真剣な取り組みを繰り返し訴えておられます。

九月二十九日の「世界難民移住移動者の日」のメッセージで、「世界で起きている紛争とは別の地域で、武器の製造と販売が行われ、関係する国々は紛争が原因の難民を受け入れることを望まない……平和を語る一方で武器を売るのは、偽善ではないか。苦しむのはいつも、小さく、貧しく、弱い立場にある人々だ」と糾弾、当日のミサの説教で「社会的不正義に苦しむ人々への感性を、私たちは失っている」と強く自省を求めました。

地球的な環境破壊に対して

地球温暖化に象徴される地球環境の悪化に対しては、回勅『ラウダート・シ』で、緊急の課題として取り上げ、その後も、機会あるごとに、速やかで具体的な対応を国際社会に訴えておられます。

今年九月の国連気候行動サミットへのビデオ・メッセージでは、「気候変動に関する国連枠組み条約に基づくパリ協定で、国際社会はその緊急性と集団的な対応の必要性を知るようになりましたが、四年経った今も、各国の約束は、まだまだ、とても〝弱く〟、目標の達成には程遠い……現在の状況は、私たちの人間的、倫理的、社会的な劣化と関係している」と警告。

そのうえで、「チャンスはまだある……私たちが個人と社会のレベルで正直、勇気、責任を具体化するライフスタイルをとるなら、解決が私たちの手の中にある」と強調されました。

AI、ソーシャル・ネットワークの負の側面に対して

そして、急速に深刻化しているＡＩ（人工知能）とソーシャル・ネットワークの負の側面への対応。

一国主義化を急速に進める米国、米国に次ぐ第二の経済大国・軍事大国に浮上した中国、そしてロシア、北朝鮮の独裁専制国家が国内外の情報操作、さらには世界の社会インフラ破壊を可能にする〝兵器化〟の道をひた走り、

中国は国民の自由と人権を損なう監視国家の様相を呈しつつある……〝周回遅れ〟の欧州や日本社会でも、個人や社会のレベルで問題が起きています。

教皇は、使徒的勧告『キリストは生きている』で、「ネット社会」の功罪、とくに負の側面への警戒を若者たちに呼びかけられました。

今年五月の「世界広報の日」に当てたメッセージは『ソーシャル・ネットワーク・コミュニティから人間共同体へ』と題し、「インターネットは、知識にアクセスする途方もない可能性を示す一方で、事実や人間関係に関する偽情報や、ある目的に基づく意図的な曲解に最もさらされる場の一つ。政治的、経済的な利益のために、個人とその権利を尊重しない個人情報の不正操作に利用されていることも認識すべきです」と訴え、「相手の肉体、心、目、視線、息をとおしてなされる生身の本人との出会いを補完するために用いるように」と説かれました。

九月下旬のバチカンでのセミナー『デジタル時代の共通善』の参加者へのあいさつで、「AIやロボットが、人の考えを操作し、人の尊厳と自由、平和的共存を脅かす可能性」を警告されています。

教皇の訪日のテーマにかける思いは……

そして教皇フランシスコの初の訪日。教皇側近のアントニオ・スパダロ「Civilta Cattolica」編集長は、九月初めの上智大学での講演で、今回の教皇訪日のテーマ『すべてのいのちを守るために』に込められた教皇の願いは、「環境問題、津波や地震など自然災害、原発事故など、さまざまな課題を抱える日本に、キリストが伝えようとした『いのちの福音』を伝えたい、ということ」と説明しました。

とくに、核不拡散への戦い——広島、長崎訪問では、原爆犠牲者たちのために祈り、所有も含めた核兵器の廃絶を改めて訴えられる予定で、「来年に予定する国連での核兵器不拡散条約（NPT）運用検討会議での前向きな議論を促すことが期待される」とも語っています。

〝スーパースターの大イベント〟に終わらせるな

しかし、このような教皇の思いに、日本の教会、司教、司祭、信徒はどのように応えることができるのでしょうか。心の準備はできているのでしょうか。日本の司教団が一致して、感謝と喜びのうちにお迎えし、今後の日本の教会に生かす体制は整っているのでしょうか。

教皇フランシスコの訪日は、日本の教会にとって、「福音に従って生きることの大切さを繰り返し教える教皇の姿勢に学び、倣《なら》う機会」「社会のただ中にある教会共同体が福音にふさわしい生きる姿勢を見いだす機会」『働き手を送ってくれるように祈れ』とされた主の言葉を思い起こし、『福音宣教のために奉仕せよ』との呼びかけに多くの人が応える機会」になる——。菊地大司教は自身のブログで、そうした機会をしっかりと生かすよう訴えています。

間違っても、「スーパースターの一大イベント」で終わらせることがないように、遠路、日本まで足を運んでくださる教皇の思いに応えることができるように、しっかりと対応していくことが、私たちに求められています。

なんじょう・しゅんじ　ニュースサイト「カトリック・あい」代表、中曽根康弘平和研究所研究顧問、元読売新聞論説副委員長、『教皇フランシスコの挑戦』（ポール・バレリー著）など訳書、著書多数。

信仰の歩みにおける三つのステップ

二〇一八年十月三日よりバチカンで開かれていたシノドス第十五回通常総会（テーマ：若者、信仰そして召命の識別）は、十月二十八日、教皇フランシスコと参加司教らの閉会ミサをもって終了した。教皇フランシスコはミサの説教で、この日の福音朗読箇所、イエスがバルティマイという目の見えない人を癒すエピソード（マルコ10・46〜52）を取り上げ、「耳を傾ける」「寄り添う」「証しする」という、信仰の歩みにおける三つのステップを示された。

「耳を傾ける」

イエスは、道端で物乞いをしている目の見えないバルティマイの叫びを聞かれた。教皇は信仰の歩みを助ける第一のステップは、「耳を傾ける」こと、すなわち「耳の使徒職」にあると話された。

これに対し、**弟子たちにとって、バルティマイは一行が進んでいく上で迷惑な存在であり、旅の計画を邪魔するものであった**と教皇は指摘。**弟子たちは、イエスの時間よりも、自分たちの時間を大事にし、他人に耳を貸すよりも、自分たちの言葉に重きを置き、イエスに従いながらも、実際には自分たちの計画を頭に描いていた**、と話され、イエスのように愛をもって耳を傾ける心を恵みとして得ることを祈られた。

教皇は若者たちに対し、教会の大人たちが彼らに耳を傾けなかったこと、彼らの心を開く代わりに、自分たちの言葉で彼らの耳を塞いだことを謝られ、**これからは「イエスの教会」として愛をもって若者たちに耳を傾けたい**と述べられた。

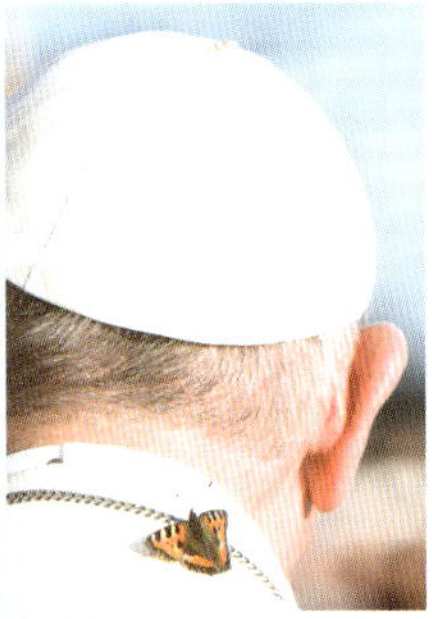

「寄り添う」

イエスは、バルティマイに「何をしてほしいのか」と言われた。教皇は、**耳を傾けることの次のステップは、「寄り添う」ことである**と話された。

イエスは、固定観念にとらわれず、バルティマイの立場になり、「あなたは、わたしがあなたのために何をすることを望んでいるのか」と、彼のために、彼の状況に合わせて、寄り添われていると教皇は語られた。

「証《あか》する」

教皇は三つ目のステップ「証しする」について、イエスがバルティマイを呼んでくるように言った際、弟子たちがバルティマイにかけた言葉、「安心しなさい。立ちなさい。お呼びだ」に注目。

イエスだけが心に安心を与え、立ち直らせることができ、イエスだけが心身を癒し、イエスだけが、従うように呼びかけた人の人生を変えることができると話された。

そして、**キリスト者は兄弟たちが扉をたたくのを待っていてはいけない、わたしたちから彼らのもとに出向き、彼らをわたしたち自身にではなく、イエスのところに連れて行かなければならない**と説かれた。

教皇はシノドスの日々を共に歩んだ司教らの証しに感謝を述べるとともに、司教らが若者たちに耳を傾け、寄り添い、人生の喜びであるイエスを彼らに証しすることができるようにと、主の祝福を祈られた。

VATICAN NEWSより

ヴィンチェンツォ・カテーナ
「鍵を受け取る聖ペトロ」

教皇とは

教皇は、まず「ペトロの後継者」と言われている。
ペトロはイエスの一番弟子で、十二使徒の中での第一の使徒、代表であった。聖書の中でペトロは弟子たちを代表してイエスに対し信仰宣言をする。

イエスが言われた。「それでは、あなたがたはわたしを何者だと言うのか。」シモン・ペトロが、「あなたはメシア、生ける神の子です」と答えた。すると、イエスはお答えになった。「シモン・バルヨナ、あなたは幸いだ。あなたにこのことを現したのは、人間ではなく、わたしの天の父なのだ。わたしも言っておく。あなたはペトロ。わたしはこの岩の上にわたしの教会を建てる。陰府の力もこれに対抗できない。わたしはあなたに天の国の鍵を授ける。あなたが地上でつなぐことは、天上でもつながれる。あなたが地上で解くことは、天上でも解かれる」　（マタイ16・15〜19）

この聖書の箇所、そして初代教会からの伝承に基づいて、カトリック教会は教皇職をイエス・キリストが制定されたものとしている。そして教会は、ローマがペトロの殉教した場所であることから、ローマ司教の優位性を早くから認め、ローマ司教はペトロの後継者であり、全教会を指導するよう権能を委ねられていると認めていた。
教皇を語るにあたって、ペトロの後継者以外にもさまざまな呼称がある。
・パパ（ラテン語のPapa、父の意から信仰上の父）
・イエス・キリストの代理者（五世紀にさかのぼる称号）
・ローマ司教（ペトロはローマの教会の司教であった、ここから司教としての教皇は司教団の頭とされる）
・全カトリック教会の最高司祭（ポンティフェクス）
・西欧総大司教（エルサレム、アンティオキア、コンスタンティノーポリ、アレクサンドリアの総大司教とともに送られた栄誉称号）
・バチカン市国元首（教皇はバチカン市国の元首であり、最高の立法、行政、司法権を有する）
・神の僕らの僕（グレゴリオ1世が自らを称して以来、教皇たちの教書、教令に書かれるようになった）
ほか、イタリア首座大司教・ローマ管区首都大司教など。

教皇はいったいどんな存在なのだろう。

ペルジーノ「鍵を手渡すキリスト」

教皇職

ローマ教皇庁立グレゴリアン大学法学部教授
菅原裕二神父が教会法から読みとく

二〇一三年の教皇交代劇

二〇一三年三月十三日、夕方まで雨が降り続いていたにもかかわらず、バチカンのサン・ピエトロ広場には多くの信者が集まっていました。各国メディアのテレビカメラもリポーターも大勢準備をしています。新しい教皇を選出する枢機卿の会議「コンクラーベ」の二日目が行われていたからです。

選挙に参加できるのは八十歳以下の枢機卿で、詳細な投票結果は外部には一切知らされないのですが、有権者（前回は全部で百五人）の三分の二プラス一票以上を獲得した候補者があると、システィーナ礼拝堂の屋根に備え付けられた煙突から出される煙の色が黒から白に変わるという習慣があり、信者もメディアもその知らせを、固《かた》唾《ず》を飲んで見守っていたのでした。

午後七時過ぎ、白い煙が上がり、大聖堂の鐘が鳴り響くと、広場はどよめきに包まれ、その声は次第に「ビバ・パパ（教皇、万歳）」という歓声に変わっていきました。

新しい教皇が誕生したというニュースはテレビやネットを通じてあっという間に広まり、ローマ市民は新しい教皇を一目見て、祝福を受けようと続々と広場に向かってきました。教皇が白い衣に着替えを済ませ、教皇名を選び、一緒に祈るためにサン・ピエトロ大聖堂のバルコニーに姿を現すまでの一時間のうちに、集まった人は数万人に上っていました。

その日から六年半が経った現在も、日曜日正午の祈りや水曜日の一般謁見など、教皇フランシスコが姿を現す機会には、巨大な広場が人で埋め尽くされます。

バチカンは世界に十一億人を超える信者を擁するカトリック教会の総本山であると同時に、教会組織の中央官庁の機能を果たしています。

その両方の最高の長を務める教皇とはどのような存在で、具体的にどのような権限を委ねられているのでしょうか。

教皇の資格

カトリック教会の三つの柱は「福音（教義）」「（7つの）秘跡」「位階制」といえますが、その位階制の一番中心にいるのが教皇です。

教皇に関する法規は現行の教会法典には六条（三三〇条〜）しかなく、選挙に関しては特別法に従うことになっています。

教皇に選ばれる資格は、

- 男性の受洗者であること
- 理性に基づく判断ができ、カトリック教会の構成員であること

です。

教皇に与えられる称号には歴史上さまざまなものがありましたが、現在は

- ローマの教会の司教
- 司教団の頭《かしら》
- イエス・キリストの代理者
- 地上における普遍教会の牧者
- 聖ペトロの後継者
- 神の僕《しもべ》たちの僕

などがあり、バチカン市国の元首でもあります。

教皇が住んでいるバチカン市国は、広さが〇・四四平方キロの世界最小の独立国家で、一九八四年に世界遺産に登録されています。

現在、教皇は教皇宮殿ではなく、聖座で働く聖職者の住居とするために建てられた聖マルタの家で生活していますが、地域内には枢機卿をはじめとする聖職者のほかに、市国で独自の切手を発行する郵便局に勤務している信徒なども住んでいます。

ペトロの後継者

教皇と訳されるスムス・ポンティフェックスを直訳すると、「最高位の橋渡し役」となります。

ローマ教皇は神の制定によって「キリストがご自分の羊の群れの世話を委ねたペトロの後継者」（第二バチカン公会議「司教教令」二項）で、「委ねられた人々の世話をするために、最高で完全、直接で全世界の教会におよぶ権限を有して」（同）おり、これを教皇の「首位権」と呼んでいます。

神の制定によるとは、「人定法、教会法」に対して「神法」と呼ばれるもので、人間の手で変更することができないことを指しています。

教皇のこうした位置づけには聖書的な背景があります。

イエスこそ神の子であるという信仰を告白したシモンに対し、イエスは「あなたはペトロ。わたしはこの岩の上にわたしの教会を建てる。わたしはあなたに天国の鍵を授ける」（マタイ16・18）と語りました。

この約束と使命は、主がペトロに個人的に委ねただけでなく、その後も使徒団の頭《かしら》に継承されるというのが、カトリック教会の理解です。

後継者とは、ローマの司教であるという理解と実践の跡が二世紀の書簡に見られ、現在までこの使徒継承性の教義が堅持されてきました。

教皇の選出方法

教皇は原則として終身制である

ため、選挙が必要になるのは、通常、教皇が亡くなった場合ですが、理論的にはほかにも可能性があります。

・教皇が精神的な病気にかかって職務が執行できなくなった場合

・異端や背教に陥ってカトリックの教えを離れたと判断される場合

そして

・辞任する場合

です（教皇の選出については拙著『教会法で知るカトリックライフ』で詳しく触れています）。

左手に天国の鍵を持つ、サン・ピエトロ大聖堂内の聖ペトロのブロンズ像

現行法はパウロ六世が制定した特別法がもとになっていて、教皇の補佐をするために選ばれる聖職者である枢機卿による選挙です。

『教会法で知るカトリック・ライフQ&A40』

教皇座が空位になると、首席枢機卿によって世界各地の枢機卿が集められます。枢機卿の会合で選ばれるのですが、教皇としての権限は神から与えられると考えられており、議会や会社などの場合と異なって、選出母体の枢機卿団からは独立しているわけです。そのため、辞任の意思も誰かに受理される必要はありません。

ベネディクト十六世のように高齢を理由に辞任することも可能ですが、それ以前の自発的な退位は十三世紀に遡るもので、辞任が通例になるかどうかはわかりません。

教皇に委ねられている権限

教皇の首位性を宣言した第一バチカン公会議は不可謬性《ふかびゅうせい》も語りました。

キリスト教の信仰と道徳を正しく教え導く務めを「教導職《きょうどうしょく》」と呼びますが、教皇にはその最高の責任が委ねられていて、ある教理を教会全体に向けて決定的に宣言する場合、教皇は不可謬性を有していると信じられています。この教えは、第二バチカン公会議でも堅持されました（第二バチカン公会議「教会憲章」25項）。

もちろん、どのような教理も明白に表明されていないかぎり、不可謬であるとはみなされませんが、教える任務に関しても教皇が果たす役割は決定的です。教導職の内容は教義の制定のほか、誤謬《ごびゅう》の指摘と矯正、列聖や列福などがあります。

教会にも三権がありますが、教皇はすべての権限の上にいます。

・教皇は立法権によって教会全体に適用される法律の改廃を行い、特別法の制定、修道会の会憲の承認も行います。

・また、教会裁判所の長で、通常はローマ裁判所を通じて司法権を行使しますが、国家元首や枢機卿など高位の人の裁判や、聖職者の不適格障害に関する事例などは自ら裁きます。

・行政に関することには膨大な量がありますが、教皇にしかできない事柄は、教区の設立や改廃、司教の指名と更迭、奉献生活の会の免属などが挙げられます。

教皇には、キリストから委ねられた預言職、祭司職、王職に関して最高の権限と責任と手段が与えられています。

教皇を補佐する機関

教皇はさまざまな形で補佐を受

けます。世界代表司教会議（シノドス）は、集会の形でそれを行う一つの形式です。個人的に補佐をする代表者は枢機卿と司教であり、教会に対する業務は通常、教皇庁を介して行っています。

教皇庁は

- 外交を担当する国務省
- 教会内の事柄を担当する九つの省（教理省、東方教会省、典礼秘跡省、列聖省、司教省、福音宣教省、聖職者省、奉献・使徒的生活会省、教育省）
- 評議会は信徒や家庭、キリスト教一致や正義と平和など十二のものがありましたが、教皇フランシスコによって統廃合が行われています。特に開発援助や新福音化などの組織に教皇は力を入れています。
- 三つの裁判所（内赦院、最高裁判所、控訴院）

があります。いずれも構成と権限は特別法で決められています。

教皇は使節を派遣しますが、大使や公使はバチカン市国の外交官ではなく、聖座の使節です。送られる相手は各国の教会（たとえば日本の教会）ですが、同時に国家（たとえば日本国政府）や公的機関（たとえば国連）、あるいは国際会議のこともあります。

聖座は現在百八十を超える国や地域と外交関係を結んでいて、国連には非加盟ですが代表を送っています。日本には一九一九年から聖座の使節が駐在し、日本は一九五二年から駐バチカンの使節を送っています。

近年の教皇

教皇フランシスコは、ヨーロッパ以外から千三百年ぶりに選出されました。これは、教会の構成がヨーロッパからそれ以外の地域に重心を移していることと無縁ではないでしょう。南米出身者で初めて、初のイエズス会出身の教皇であると同時に、イタリアにルーツをもつ移民の家系であり、カトリック国の首都で大司教職を長年務め、聖座の内部のことも詳しく知る立場にありました。

テヴェレ川からサン・ピエトロ大聖堂を臨む

一九五八年、七十八歳という高齢で選ばれたヨハネ二十三世は公会議の開催を宣言して世界を驚かせ、第二会期からそれを継いだパウロ六世は外交畑が長かった法律家でもありました。

二十六年間在位したヨハネ・パウロ二世は「空飛ぶ教皇」の異名もとった二十世紀を代表する司牧者であったと言ってよいでしょう。

その後を継いだベネディクト十六世は公会議後を代表する神学者です。

それぞれの時代に必要とされる人物を聖霊が送ってくれることを教会は信じていますが、さまざまな経歴と性格をもちながら、それを目に見える形に表している歴代の教皇の姿は印象的です。

加藤一二三氏 インタビュー

教皇の言葉の中には、私たちが豊かに生きるための知恵がちりばめられています!

日本の教育に心をとめられた聖ピオ十世

私は歴代のローマ教皇の著作や伝記、日記などを読むのが好きなんですね。それから、聖パウロ六世や聖ヨハネ・パウロ二世には謁《えっ》見《けん》を賜り、直接お話を伺う機会にも恵まれました。

教皇の言葉の中には示唆に富んだ素晴らしいものがたくさんあります。はじめに、二十世紀最初の教皇である二五七代聖ピオ十世からご紹介したいと思います。この方は初聖体の年齢を定められ、そして日本の高等教育にも貢献された教皇です。

伝記によると、ある日バチカンで七歳の男の子に「ご聖体ってどういうものかな?」と尋ねたところ、その子が「ご聖体の中にイエスさまがいらっしゃる」と答えたそうです。そこで、七歳の子どもに理解できるなら初聖体は七歳からで大丈夫と決められたとのこと。

また、聖ピオ十世は日本への関心も高く、日本にいい大学が必要だと考えてドイツ人のイエズス会士を派遣され、それが今日の上智大学の礎《いしずえ》となりました。そういう経緯もあって、昭和五十六年、ヨハネ・パウロ二世が日本にいらしたときも上智大学を訪ねていますし、今回も教皇フランシスコはイエズス会士だからというより、ローマ教皇の発案でできた大学を、教皇として訪ねられるのでしょう。

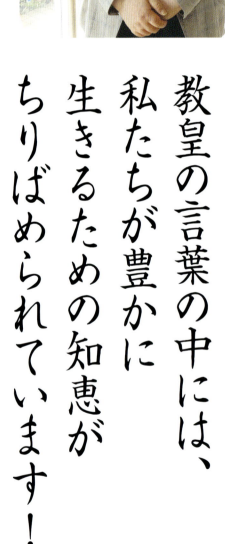

「状況が問題なのであって、人が悪いのではない」聖ヨハネ二十三世

聖ピオ十世から四代後が、二六一代教皇聖ヨハネ二十三世です。アンジェロ・ロンカッリ神父（のちの教皇ヨハネ二十三世）はブルガリア、トルコ、ギリシアと非ローマ・カトリック国におけるバチカンの使節を長年勤められていました。

バチカンの庭で読書をするピオ10世（1913年7月）

これは私の想像ですが、そういった方々も自分の出世を考えることもあると思うのです。しかし、ロンカッリ師はその間、ご自分の栄転について、バチカンへの働きかけを一切しなかったそうです。時の教皇が、長い間自分の処遇について一切働きかけなかった人物がいるのを知って感心されたといいます。そのあとフランスに派遣され、枢機卿に任命、ヴェニスの総大司教となって教皇に選出されました。

聖ヨハネ二十三世の業績と言えば、第二バチカン公会議開催を外せません。開催宣言をされたとき、我ながら驚いたと言われた教皇は、公会議開催はまったく念頭になかった、だからこれは聖霊の働きであり、そのとき春の訪れを覚えたような希望を感じとった、と日記に書いていらっしゃいます。

第二バチカン公会議によって世界中のカトリック教会は、それまでラテン語で行われていたミサを母国語でたてられるようになりました。これは大きな改革です。

また、荒々しい方法で物事の問題を解決するのは自分の好みではないとおっしゃる聖ヨハネ二十三世は、故郷への手紙の中で「トラブルというものは、状況自体が悪いために発生するのであって、かかわっている人間が悪いのではない」と書いています。

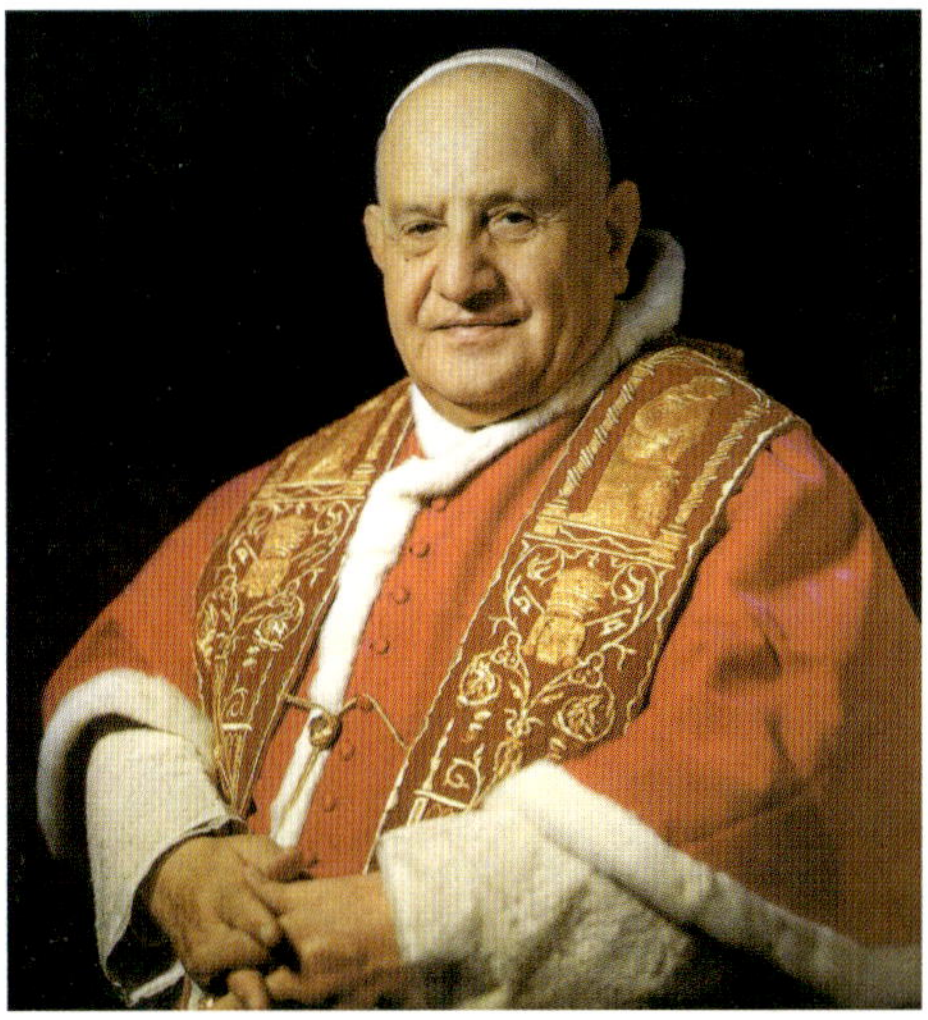
聖ヨハネ23世

私たちの日常でも、善意の人々の集まりでさえトラブルになるときがありますよね。人間はこちらがよければ相手が悪いと考えがちです。でも、問題を注視して、人には寛容であれという聖ヨハネ二十三世の言葉は、私たちの生活にも大変助けになるものでしょう。

私が初めて謁見した教皇 聖パウロ六世

そのあとを継がれたのが、二六二代教皇聖

パウロ六世です。

私は昭和四十五年にカトリックの洗礼を受け、翌年、コルベ神父の列福式でパウロ六世に謁見いたしました。コルベ神父はチェスがご趣味だったと伝記で読んで、将棋とルーツを同じくするチェスがお好きな神父さまということでとても親近感が湧き、妻と一緒に巡礼団に参加して、バチカンで行われた列福式に与《あずか》ったのです。そのときの司式が教皇パウロ六世でした。

若者に囲まれるヨハネ・パウロ2世

列福式でパウロ六世は、コルベ神父の生涯は初めから終わりまで、ずっとぶれることなく一つの信念に貫かれていたと語られました。またパウロ六世は、聖書を勉強し、ミサに与り、そして秘跡を大切にするようにとおっしゃいました。これはとても大切な勧めです。

聖ヨハネ・パウロ二世の思い出と奇跡

二六四代聖ヨハネ・パウロ二世には、昭和五十五年に吉祥寺カトリック教会からの巡礼団でイスラエル、バチカンを訪れたときに、初めてお目にかかりました。

昭和五十五年五月二十八日、バチカン広場で毎週水曜日恒例の教皇の謁見日、私は教皇ヨハネ・パウロ二世からそんなに遠くないところにいましたので、写真を撮りながら夢中になって「ビバ、パパ」と叫んでいたのです。すると教皇は私に向かって手を振ってくださいました。それは大感激でした。聖地中の聖地を回ったこの巡礼から戻ったあと、私ははっきり言って将棋が強くなりましたよ。

聖ヨハネ・パウロ二世はとても気さくな方だと言われています。もともとスポーツマンだった教皇は、バチカンにプールをつくらせて泳いでいらしたそうです。あるとき彼が泳いでいると、カメラマンがそっと入ってきて写真を撮りました。それを見とがめた側近が「教皇さま、カメラマンに写真撮影をとめるように言いましょうか」と言うと、教皇は

「放っておきなさい。わたしが泳いでいる姿なんか百枚も撮れば飽きるだろう」と答えられたそうです。お人柄を表す逸話でしょう。

その後もヨハネ・パウロ二世にバチカンで謁見を賜ったときは、いつも「神に感謝」と語りかけてくださいました。これは私の解釈ですが、相手に感謝をしましょうと呼びかけているだけでなく、ご自分の気持ちも込めて、「今、あなたと私が会っていることを神に感謝します」とおっしゃっているのではないか。素晴らしいですよね。

それから諸宗教の代表者による宗教サミットを始められ、世界青年大会（ＷＹＤ）の開催も発案されました。どちらも今も続いています。そういう豊かな発想の持ち主なんですね。

教皇ヨハネ・パウロ二世が昭和五十六年二月に日本にいらしたとき、上智大学の学生だった息子と私と妻で、大学で行われた教皇の謁見に参加しました。

私には四人の子どもがいるのですが、当時、末の娘が体調を壊して大学病院で看てもらっていて、なかなか回復せずにいたのです。そこで教皇さまとたまたまエレベーターで乗り合わせた妻が、そっと教皇の白い衣に触れました。家に帰ってみると子どもの病気がすっかりよくなっていたのです！

娘の主治医は日本でも名医といわれた小児科の先生なんですが、名医からしても娘の回復はとても不思議に思えたそうです。たびたびなぜ治ったのだろうかと言われたそうですが、妻は教皇の衣を触ったと言うのをためらった。ですから、今でもその名医は、娘が治った原因はわからずじまいです。

ピアノを弾くベネディクト16世

ベネディクト十六世からの問いかけ

二六五代教皇ベネディクト十六世は神学者で、『ナザレのイエス』という著書があります。その本の中で印象に残っているのは、イエスの裁判においてユダヤの総督ピラトが、イエスとバラバという囚人のどちらかを釈放しようと言うと群衆が「バラバを！」と叫び、イエスが十字架を背負うことになる箇所（マタイ27・15〜26、マルコ15・6〜16）の解説です。

群衆は雰囲気にのまれて、勢いでイエスを殺せと言った、という解釈もありますが、ベネディクト十六世は、バラバは武力闘争で幸せをつかむというテロリストの活動家、一方、イエスはすべての幸せは武力によってもたらされるものではないと言う。二千年前、群衆は本当に扇動されて、心ならずもバラバを選んだのだろうか。力によって相手を倒すバラバとイエスとをしっかり区別して、自分たちの意志でバラバを選んだのではないか、と書いているのです。そしてもし、現代でそういう状況になったとき、ナザレのイエスにチャンスがあっただろうか？　とも問われます。

これは現代人が同じ選択を迫られたとき、私たちはどちらを選ぶのかという、ベネディクト十六世からの厳しい問いかけです。

教皇フランシスコの勧め

ベネディクト十六世が自ら退位された後二六六代教皇となられたのが、今の教皇フランシスコです。教皇フランシスコの言葉の中で心に刻んで実行したいと思っていることの一つに、結婚している人は主の祈りを唱えるとき、最後に夫婦の愛が深まるように祈りましょう、ということです。

信徒にとって主の祈りは定型ですから、そこにそれ以上のことをつけ加えるというのは思いもよらぬこと。教皇フランシスコは、そこに夫婦の祈りをつけ加えるように言われた、これには感動しました。

教皇フランシスコがすごいと思うのは、夫婦の絆のための祈りを勧め、同時に喧嘩をしてもいいけれど、その日のうちに仲直りをしようとおっしゃること。夫婦喧嘩や人間関係のトラブルに対して、嵐が過ぎ去るという表現を使われるのです。人間はそれぞれ意見をもっていますから、嵐の中で議論を始めると引っ込みがつかなくなります。嵐が来たら身を低くして通り過ぎるのを待ちましょうという教皇フランシスコは、私たちに謙虚であれと教えているのです。また、教皇フランシスコは、聖書を勉強して、ミサに与って、ゆるしの秘跡に与って、宣教をしましょうと勧めています。

教皇はゆるしの秘跡の重要性を強調していますが、これは本当に大切なこと！　私はゆるしの秘跡に与ってお恵みをいただいた経験があります。

昭和四十五年のクリスマスに洗礼を受けたのですが、初告解《はつこっかい》は昭和四十八年一月十五日。洗礼を受けて二年余りたってのことでした。やはりご多分に漏れず、ゆるしの秘跡は受けにくいものでしたから。ところが、初告解を受けた後、順位戦の対局でとても素晴らしい将棋を指して勝つことができたのです。観戦していた将棋記者の方からも後日手紙をいただいたほどですから、よい将棋を指せたのだと思います。ゆるしの秘跡によって心の迷いがなくなったのです。

また、今から二年前に私は将棋の棋士として現役を引退していますが、引退後、イグナチオ教会でゆるしの秘跡を受けました。そのとき告解室で神父さまから「あなたは仕事をするのが嫌いですか」と尋ねられました。私が「仕事は好きです」と答えると「仕事をしなさい」という言葉が返ってきたのです。でも、仕事がないのに仕事をしなさいというのは矛盾でしょう。神の代理人が矛盾したことを言うはずはない。だから私は神さまから、あなたのこれからの人生には仕事がありますよと告げられたのだと悟り、新たにやる気を燃やしました。それでどうなったかというと、引退後の仕事は控えめに言っても現役時代の二倍に増えています。

生きるための知恵を、あらゆるところで伝える言葉

教皇フランシスコは、バチカン広場での謁見で信徒に向かって、あなた方はいつゆるしの秘跡に与《あずか》りましたか？　一週間前ですか？四十年前にゆるしの秘跡に与りましたか？与っていない方はすぐに、明日ゆるしの秘跡に与りましょう、と呼びかけました。これはキリスト教徒の現実をよく知っておられたうえでの発言ですね。

神さまからお恵みをたくさんいただきます

よと言われていても、私自身そうだったように、ゆるしの秘跡というのは敬遠されがちな秘跡です。そういう現実をバックに、教皇フランシスコは四十年前に与った人も、明日は与りましょうと、バチカン広場の謁見のときにおっしゃるのです。わかりやすく、実行可能であり、しかもこの勧め自体で長く秘跡から遠ざかっている人々にゆるしを与えていらっしゃるのです。

また、教皇フランシスコは、神さまはゆるしてくださる、人間もゆるすことができる、

でも生き物をひどい目に合わせたとき、彼らはゆるすことができないから、それを認識しましょうと書いていらっしゃる。私はとてもわかりやすい教えだと思います。

しかし、ある方にその言葉を紹介したら、それは犬や猫が愛することができないからゆるさないんだと言いました。それはちょっと違うのではないでしょうか。

私はウラジミールの聖母のイコンが好きで、家ではこのイコンにお祈りをしています。実は私は図らずも、たまたま、猫を保護する人生を送っているのですが、あるとき家で世話をしていた猫が病気になりました。そうしたら驚くことに、仲間の猫の一匹がこのイコンの前で声をあげたのです。

猫は仲間が病気になったとき、祈るんです。私たちがイコンの前で祈っている姿をずっと見ていた猫は、仲間の体調が悪かったときに何をしたかといったら、声をあげて祈った、それは確かなんです。

動物は計算したり妥協したりしません。私たちが祈っているのを見れば祈るということを学ぶ、相手がもし意地悪をすれば意地悪することを学ぶ、それだけのことであって、意地悪されたけど餌をもらえるから目をつぶったほうが得だ、という計算はしないでしょう。動物だけじゃなくて、自然も同じです。こちらが対応したものをそのまま受け止めて、返してくれる。異常気象もそうですが、ある意味で決して裏切らないものに対して、私たちは責任をもたなければならないというのが、教皇フランシスコの真意なのだと思います。

私たちが人生を全うするためには、知識だけでなく、知恵が必要です。自分の感情のままに人生を歩んでいると、失敗する。これは家庭内や社会生活、国際関係でも同じことです。そして歴代の教皇たちは、私たちがつつがなく生きるための知恵を、あらゆるところで伝えてくださっています。

現代社会は、人類のすべてが幸せな人生を送るための知恵を語る教皇の言葉に耳を傾ける時を、まさに今、迎えていると思います。

かとう・ひふみ　一九四〇年一月一日、福岡県生まれ。「神武以来の天才」といわれた将棋棋士。二〇一七年の引退まで、最速昇段、最多対局数、最長現役年数、最高齢勝利など歴代一位の記録を多数樹立。一九五〇年代～二〇〇〇年代の各年代で順位戦最高峰A級に在籍したことがある唯一の棋士として活躍した。一九八六年にローマ教皇庁から聖シルベストロ教皇騎士団勲章、二〇〇〇年春紫綬褒章、二〇一八年春旭日小綬章を受章。

教会、そして世界と対話する教皇

平林冬樹

ベルニーニ「聖ペトロの司教座」(サン・ピエトロ大聖堂)

教会の始まりと教皇

教皇について語るにあたり、まず教会の成り立ちについて、少し触れておきたいと思います。

弟子たちと寝食をともにして宣教に励んでいたときのイエスが、組織としての教会をつくろうとしたと考える学者は少ないと思います。ある神学者は、「イエスは、神の国の到来を告げ知らせたが、現れたのは教会であった」と、皮肉を込めて書いています。

組織としての教会は、イエスの意図するところであったか、なかったか、定かではないとしても、教会が二千年もの間、続いているのですから、これは神の御旨《みむね》であることは確かだと思います。

さてイエスは、使徒と呼ばれる主立った弟子たちに対し、神とはどのような方で何を望んでおられるかをあますところなく伝えました。その内容は、良い知らせ、福音と呼ばれるようになりました。

人の知恵をはるかに超えた福音の神髄は、神から示されないかぎり、人間の理性で考え出せるものではありません。キリスト教の信仰は、神から示された啓示に基づ

教皇名

教皇名は自由に選ぶことはできるが、ペトロの名前を選んだ者はいない。対立教皇を除き、もっとも多く選ばれた教皇名は「ヨハネ」の22、次いで「グレゴリオ」と「ベネディクト」が16。歴史の混乱の中で「十七世」以降が一つ多くカウントされていたこともあり、この過ちは修正されて「十七世」から「二十世」はそれぞれ一つずつ若返って「十六世」から「十九世」となったが、21世以降は修正されないまま残っている。よって「ヨハネ二十世」が実在しないため、現時点で最後に「ヨハネ」を名乗った教皇はヨハネ二十三世だが、ヨハネとしては22代目となっている。「ヨハネ」を複合名に使用して名乗った教皇が2人いる(ヨハネ・パウロ一世と二世)ので、これをカウントに入れると「ヨハネ」を名乗った教皇は合計24人となる。

いています。そこでキリスト教は、啓示宗教と呼ばれます。

使徒たちは、イエスの望みに従って、全世界に福音を宣べ伝えに出かけていき、行く先ざきにキリスト信者の共同体である教会をつくりました。使徒たちが伝えたものは、自分たちの考え出したことではありません。イエスから聞いた福音を忠実に伝えたのです。

「最も大切なこととしてわたしがあなたがたに伝えたのは、わたしも受けたものです」（コリント一15・3）

鍵

金と銀の二つの鍵が交差する形で描かれる天上と地上の王国の鍵。教皇の紋章や教皇旗に見られるように教皇庁のシンボルとして用いられている。

そして何世代にもわたる使徒の後継者たちも、受けたものを忠実に伝え続けました。そこに人間の考えを差し挟む余地はありません。信仰共同体は広い地域に数多く広がりましたが、どこでも同じ福音を受け入れることができたのです。

教会は、使徒の礎《いしずえ》の上に

使徒たちの後継者は、司教と呼ばれるようになりました。司教たちの一番の任務は、信者たちを導き、キリストから示された福音の教えを誤りなく教え、後世に伝えていくことです。各土地の司教には皆、この任務が委ねられています。

さて使徒たちの一番弟子はペトロです。ペトロは、当時のローマ帝国の首都ローマで宣教し、皇帝ネロの迫害で殉教しました。そこでペトロの後継者の座にいるローマ司教もまた、司教たちの頭《かしら》とみなされるようになりました。

ローマ司教は、使徒たちの頭の後継者として、他の司教たちをとおして全世界の信者を世話し、イエスによって神から示された啓示を、聖書と聖なる伝統に基づき誤りなく解釈し、受け継いでいく任務と権限が与えられています。これを教会の使徒性といいます。

教皇冠

蜂の巣型の三重の冠。天辺には十字架がついている。ここ数代の教皇たちは用いていない（取り止められたのは1960年代中頃から）が、古代以来ローマ教皇のシンボルとなっている。典礼儀式の中では司教のしるしであるミトラ（司教帽）をかぶる。

主の教会は、一つ

教会は、人間の集まりですが、人間のものではなく、神のものです。教会の一致を実現し、保証する存在が、使徒ペトロとその後継者である教皇です。世界十二億人といわれるカトリック教会は、この使徒性のおかげで一致しており、さまざまな考え方の違いはあっても、使徒の座（聖座）を中心に、時代と地域を越えて固い一致の絆で結ばれています。

教皇の影響力の源泉

教皇は、ローマ司教にして世界に広がるカトリック教会の頭《かしら》（使徒座）であり、同時に世界最小の独立国家バチカン市国の国家元首という役割を担っています。

聖座がもつ国際社会への影響力は、絶大です。その背景の一つは、無類の情報収集力であるといわれます。世界の無数の教会と、世界約百八十以上の国と地域に派遣した大使・公使など外交使節から多くの情報が集まります。また聖座は、経済的な野心や利害関係に縁のないことが、国際的な影響力を高め、紛争や危機の解決に少なからぬ役割を果たしてきました。

例えば、二十世紀に起こった二度の世界大戦では、終戦工作にも関わりました。一九四五年、バチカンのヴァニヨッチ司教は日本公使館嘱託の冨沢孝彦神父に対して、和平のための橋渡しについての申し出を行っています。

　米ソの冷戦期の末期には、ポーランド出身の教皇ヨハネ・パウロ二世が、共産圏であったポーランドを何度か訪問し、同国の民主化運動を精神面で支えました。これが「ベルリンの壁」の崩壊につながりました。

　教皇フランシスコは、教皇として初めて、アラビア半島を訪問し、宗教間の融和を探りました。また米国のオバマ大統領とキューバのカストロ国家評議会議長を橋渡しし、二〇一五年の両国の和解を促進しました。二〇一九年二月には、内紛が続くベネズエラで、マドゥロ大統領から、グアイド国会議長との仲介の要請を受け、教皇は同議長とも会談しています。加えて、ロヒンギャ難民問題を抱えるミャンマー、バングラデシュを訪問しました。

教皇フランシスコと米国のオバマ大統領

　バチカン市国国家元首としての教皇が、これほど熱心に外交を進める理由として、バチカンのポール・ギャラガー外務長官（外相に相当）は、次のように語っています。

「バチカン外交は、各国・主な国際機関と協力し、人類の幸福を促すためです。加えて福音の価値を広めるという教会の神聖な使命もあります」

　聖座の最重要課題である「信教の自由」と信者の安全の保証は、各国の平和が大前提です。だからこそ、紛争や危機を防ぐため、教皇は仲介に力を注ぎます。

　これまでの日本政府も社会も、バチカンには、さほど注意を払ってきませんでした。しかし国家規模としては取るに足りないように見えるバチカンの国家元首である教皇が、カトリック教会だけでなく、国際政治・社会に対して国の規模からは想像できない大きな影響力をもっていることに、日本政府は最近、気づき始めたようです。

　聖座がもつ大きな影響力の第二の源泉は、長い伝統と経験に裏打ちされた外交能力の高さです。聖座は、世界最古の外交機関です。

　教皇領の歴史は、七五六年にフランク王ピピン三世が、イタリアのラヴェンナを教皇に寄進することで始まりました。聖座は、それ以来、外交のノウハウを蓄積しています。すべての外交官は、博士号を取得したあと、二年間の研修を受けます。また外務部は、徹底した機密の保全体制を確立し、重要な情報が漏れることは、まずないといわれます。

　カトリック信徒が人口の〇・五

輿（こし）

古代以来、長きにわたって教皇のシンボルとして用いられたものに教皇用輿（セディア・ゲスタトリア）がある。みこしのような土台に教皇の椅子が備え付けられ、12人の従者によって運ばれる。さらに二人の扇持ちが付き添ってあおぐのが慣例であったがヨハネ・パウロ二世によって正式に廃止された。

%にも満たない日本にとって、バチカンは、決して近い存在とはいえません。しかし、日本がこれほどの実力を備えたバチカン市国との関係をいっそう深めることは、大変有意義です。今回の教皇の訪日が、両国の距離を縮める、またとない好機といえるでしょう。

世界に開かれた教会へ

現代、聖座の活動の窓を世界に開いた教皇は、二六一代教皇の聖ヨハネ二十三世（在位一九五八～六三）です。教会の刷新と現代化を目指した第二バチカン公会議（一九六二～六五）を召集した同教皇は、一九六一年の回勅『母として教師として』(Mater et Magistra 社会問題の最近の発展について）や一九六三年の『地上に平和を』(Pacem in Terris) を教会だけでなく全世界の人々に向けて発表し、世界に開かれた教会を目指しました。

聖ヨハネ二十三世が就任した当時の教会は、内外で、かつての勢いを失っていました。そのころの神学によれば、教会は「完全な社会」であり、世にあって世のものでない、世俗に染まらない自己完結型の社会を標榜《ひょうぼう》していました。しかし一九～二十世紀、世界は大きく変わりました。そのような時代の流れの中で、同教皇は、教会を現代化するとともに、世界と対話する教会を目指しました。

「戦い」ではなく「語りかけ」

それまでの教会の中には、世俗世界との対決姿勢さえありました。

世界は、人間を苦しめる闇に支配されている。キリストから光をいただいている教会は、人間を人間扱いしない闇の支配から世を救わねばならない。

この考え方自体は、あながち間違っているといえないかもしれません。しかし方法が現代にそぐわなかったのです。それまでは、対決姿勢が支配的でした。

カトリック教会の神学では、長らく「教会の外に救いなし」との信念がありました。言い換えれば、真理をもっているのは教会だけとの思想です。

第二バチカン公会議

年齢

もっとも若く教皇になったのは、18歳のヨハネ十二世。1295年以降でもっとも高齢で教皇に選出されたのは、79歳のクレメンス十世。1295年以降でもっとも長寿だった教皇は、93歳で亡くなったレオ十三世。

指輪

聖ペトロの後継者として教皇位についた新教皇が受け取る「漁師の指輪」。これは日常的に身につけるものではなく公式文書を封印するためのもの。日常的には六世紀以来の伝統で司教が身につける司教指輪をつけている。

第二バチカン公会議においてこの考えは払拭されました。現在の教会は、他宗派・他宗教がもつ審理に耳を傾け、そこから学ぶ必要性を示しています。そして教皇庁に専門の部署を設け、公式に他宗派・宗教との「対話」に望んでいます。

第二バチカン公会議を経た今も、教会は、たしかに戦い続けています。人間をむしばむ世の精神と戦い続けている、しかし戦い方が違います。攻撃するのではなく、尊重し、耳を傾け、語りかけ、良いものを取り入れていくのです。

あわれみの教皇フランシスコ

教皇フランシスコは、あわれみの教皇ともいわれます。教皇自身が、神のあわれみに注目しているという意味でしょう。

「Misericordia」は、いつくしみと訳すより「あわれみ」です。旧約・新約をとおして、聖書を貫いて示される神の姿は、あわれみそのものです。罪のしがらみにがんじがらめにされ、神の似姿としての尊厳を失った人間。そこから自分の力で逃れることなどできない人間に対して、神がいだく心こそ、いつくしみを超えた「あわれみ」です。

教皇フランシスコは就任以来、「Misericordia」を好んで使っています。「あわれみと選びによって」(Miserando atque Eligendo) を自身の標語に選びました。二〇一五年の特別聖年を定める大勅書の書名は、「ミゼリコルディアの顔」です。聖年のモットーは、「あなたがたの父が憐れみ深いように、あなたがたも憐れみ深い者となりなさい」(ルカ6・36) というイエスの言葉です。婚姻無効を宣言する手続きを簡素化する自発教令の書名にも、ミゼリコルディアの一語があります。

教皇は、就任以来、弱い立場の人々に寄り添う姿勢を鮮明にしており、上記の例は、その表れです。とくに最近では、傷ついた家庭、不適切な離婚や再婚の関係にある人々に特別の配慮が必要だと力説しています。

一例ですが、二〇一五年八月五日の一般謁見で、これら非合法の関係はイエスの教えと相容れないものの、教会の眼差しは、つねに人の善と救いを願う母の心を忘れないと強調しています。また、こうした両親たちを教会から遠ざけてしまうと、一番の被害者である子どもたちを救う手立てまで失うと訴えます。

「扉は決して閉じられません」

たとえ大きな罪びとに対しても、父の家である教会は開かれています。悪人にも善人にも太陽を昇らせ、雨を降らせてくださる御父 (マタイ5・45) のように、法に沿えない人の上にも注がれる神の眼差し、それがミゼリコルディアの心です。

教皇フランシスコの就任以来、その関心事の核となっているミゼリコルディアが、家庭問題を討議する特別シノドス (世界代表司教会議) につながっています。

今回の教皇訪日のテーマに、日本司教団は、「すべてのいのちを守るために」を選びました。その思いも教皇フランシスコが強調する神のあわれみに通じるものがあると思います。

最後にもうひと言。今回の教皇訪日のテーマに選ばれた「すべてのいのちを守るために」は、現代の日本において、じつに時宜を得た課題です。希望に満ちた福音の光を日本にもたらすために訪日される教皇の言葉に耳を傾け、教皇の思いを一人ひとりの思いにしていければと念じています。

在任期間

史実で確認される範囲で在任期間がもっとも長かったのは、32年7カ月のピオ九世。次にレオ十三世の25年、そしてレオ一世の21年。もっとも短かったのは、12日間のウルバヌス七世 (在位後間もなくマラリアに罹り、教皇着座式前に病没)。第九二代ステファヌス二世は在位が1日 (3日との説も) だけだが、教皇冠を受ける前に死去したので正式には歴代教皇リストから除かれている。

ひらばやし・ふゆき　一九五一年パリ生まれ。イエズス会司祭。教皇庁立グレゴリアーナ大学教義神学博士課程修了。教皇庁立諸宗教対話評議会東アジア担当、カトリック中央協議会広報部長などを経て、現在、司教協議会列聖推進委員会秘書、上智大学神学部非常勤講師。

歴史の中の主な歴代教皇たち

使徒ペトロから始まり、その後継者としてローマ司教の座について教皇は現在のフランシスコ教皇まで二六六代。過去二千年の間に、中には愚行や人間的な弱さで人々をがっかりさせた教皇もいたが、彼らを補ってあまりある聖性に輝く偉大な教皇たちも多くいた。聖レオ一世が言うように「ペトロの権威はその後継者の無価値さによって汚されることはない」のである。教皇はそれぞれの時代、それぞれの個性をもってその時代とかかわりながら、地上におけるキリストの代理者として存在し続けてきた。

ここでは歴代教皇の中から幾人かの鍵となる教皇を紹介してみよう。

◎一世紀

初代聖ペトロ（〜六四〈六七〉年）

十二使徒の一人。イエス・キリストから「天の国の鍵」を受けて与えられた権威を、ローマ司教である教皇が継承したとして、カトリック教会ではペトロを初代教皇とみなす。

◎二世紀

九代聖ヒジノ（在位138年〜142年）

聖職者のそれぞれの順位と権限を規定し、洗礼の際に代父母を新生児に与える制度を設けた。

四代聖クレメンス一世（在位92年〜99年）

初代教会時代のローマ司教。伝承ではペトロを直接知る人物であり、聖書（フィリピ4・3）に現れるクレメンスとは彼のことだという。

◎三世紀

一六代聖カリスト一世（在位二一八年〜二二二年）

対立教皇である聖ヒッポリトによればカリストは奴隷で、一五代教皇聖ゼフィリノの知遇を得てその後継者となったという。井戸に投げ込まれて殉教したと伝えられているが、史実の裏づけはない。

一四代聖ヴィクトル一世（在位一八六年〜一九七年）

ギリシャ語で行われていたミサが、彼の時代以降ラテン語で行われるようになる。ヒエロニムスによると初めてラテン語で神学に関する書物を記した教皇だという。

対立教皇

正当な教皇に対抗して立てられた、あるいは教皇であることを宣言しながらも、その地位が正統なものであると認められなかった人物のことで、史上初の対立教皇とされるのがカリスト一世に対抗して立ったヒッポリト。死の直前に教会の指導者たちと和解したため、対立教皇でありながら後に列聖された。現在の教会法では、正当な手続きを経ずに教皇を名乗る行為は教会の分裂を引き起こす重大な行為であるとみなされ、破門される。

◎四世紀

三三代聖シルヴェストロ一世（在位三一四年～三三五年）

在位期間二十一年十一カ月一日は歴代教皇の中で八番目に長い。カトリック教会の記念日が十二月三十一日であるため、現在でも大晦日のイベントに「シルヴェストロ」の名が冠されることがある。

三七代聖ダマソ一世（在位三六六年～三八四年）

ローマ司教の「使徒座」を定め、ローマの教会こそがキリストの正当な教会だということを立証するために「あなたはペトロ。わたしはこの岩の上にわたしの教会を建てる」（マタイ16・18）の一節を初めて用いた。

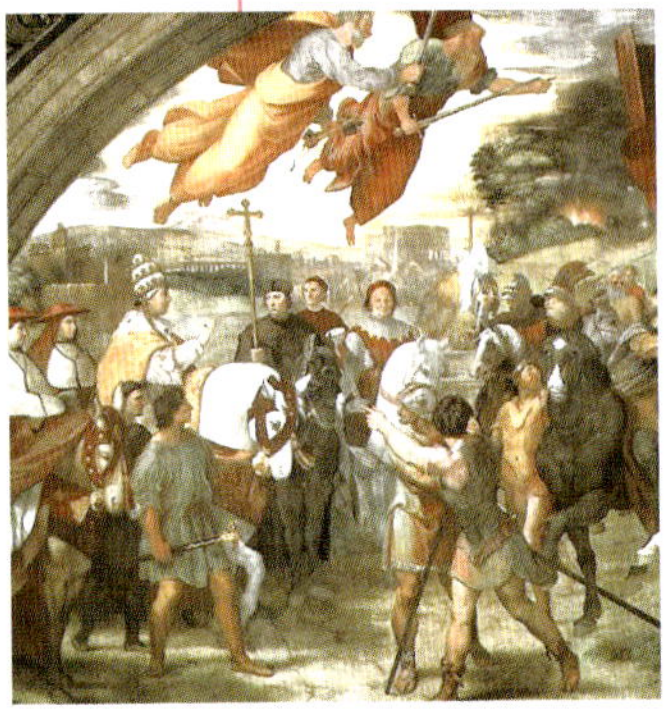

◎五世紀

四五代聖レオ一世（在位四四〇年～四六一年）

ローマに侵攻してきたフン族の首長アッティラと会見して平和的解決を図り、アッティラのローマ撤退を促した。さらに、ヴァンダル族の軍勢が侵攻してきたときも平和的な解決を図り、武力による解決を避けたため、「大教皇」と称されている。

◎六世紀

六四代聖グレゴリオ一世（在位五九〇年～六〇四年）

典礼の整備や教会改革で知られ、レオ一世とともに「大教皇」（この二人のみ）と称され、多くの著作や書簡を残している。聖歌の作曲をしたという説もあり、グレゴリオ聖歌の名は彼に由来している。

◎八世紀

九二代ステファノ二世（三世）（在位七五二年～七五七年）

フランク王国国王ピピン三世がランゴバルド王国を倒して奪ったラヴェンナ（北イタリア）をステファノ二世（三世）に献上。これが後の教皇領のもとになった。

九六代聖レオ三世（在位七九五年～八一六年）

貧民階級出身者であるため反発する者もいて、暗殺者に襲われたとき、フランク王国のカール一世のもとに逃げたことからサン・ピエトロ大聖堂でカール一世に西ローマ皇帝の帝冠を授けた。ここに、欧州の実力者とローマ教皇の提携という新たな歴史の扉が開かれることになった。

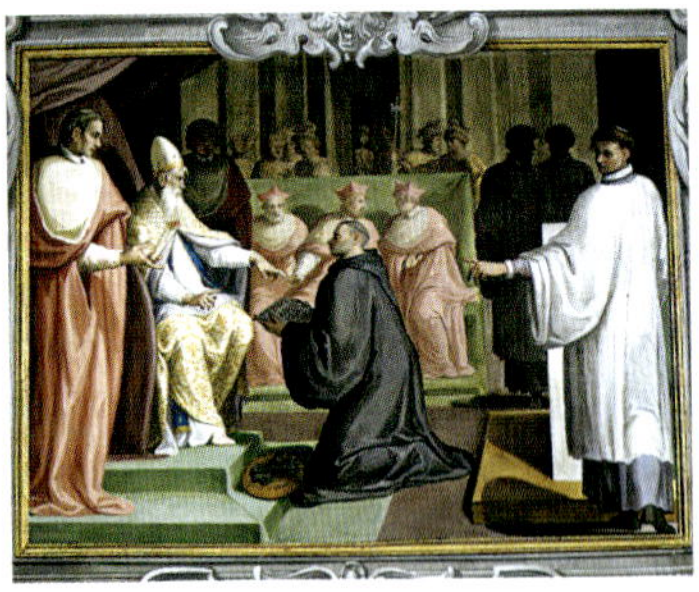

ピピンの寄進

ランゴバルド王国によりラヴェンナが奪われ、ローマが侵略されると、ステファノ二世（三世）はフランク王国国王ピピン三世に救援を求めた。ピピンは二度の戦いによりランゴバルド王国を破り、奪還したラヴェンナをローマ教皇に寄進した。これが「ピピンの寄進」という出来事である。この領土が教皇領の基礎になっていく。外交的にも教皇の勢力が増してきたことの表れだといわれる「ピピンの寄進」は、本来精神的中心であるローマ教皇が領土をもったということで現代の視点での議論があるが、激動する当時の社会情勢のもとでは大きな意義があったといえる。

◎十一世紀

一五二代聖レオ九世（在位一〇四九年～一〇五四年）

教会秩序の回復のため、皇帝との協調関係を保ちつつ教会の改革に努めた。東西教会の分裂を解決するための努力も続けたが、コンスタンチノープル総司教のケルラリウスを破門したことにより、東西教会の分離は決定的となった。

一五九代福者ウルバノ二世（在位一〇八八年～一〇九九年）

グレゴリオ七世の教会改革を継承し、聖職売買の禁止、司祭の独身制の徹底、俗権からの叙任権の奪回（叙任権闘争）などを推進。一〇九五年のクレルモン教会会議において、第一回十字軍の派遣を呼びかけたことでも知られる。

◎十二世紀

一七六代インノチェンツィオ三世（在位一一九八年～一二一六年）

教皇権全盛期時代、ローマ貴族出身のインノチェンツィオは、フリードリヒ二世の後見人として神聖ローマ帝国（ドイツ）皇帝の選挙に干渉し、離婚問題でフランス王フィリップ二世を破門し、イギリス王ジョンには封臣の誓いをさせるなど西欧諸国の政治に介入した。

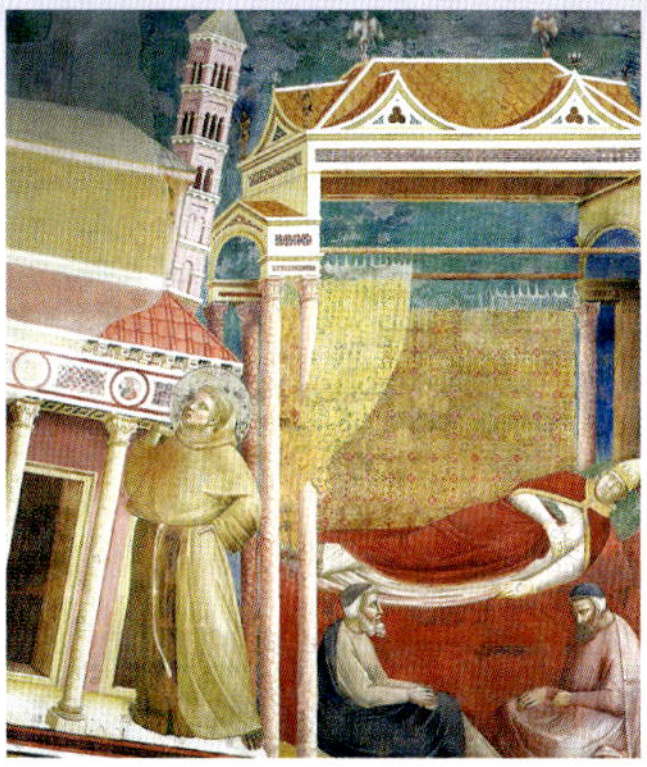

アシジのフランシスコが謁見した教皇がインノチェンツィオ三世。そのとき、自身の夢の中で、傾いたラテラノ聖堂をたった一人で支えていた男がフランシスコだったと悟り、口頭ではあったが小さき兄弟団の活動に認可を与えたことでも知られている。

一五七代聖グレゴリオ七世（在位一〇七三年～一〇八五年）

一連の教会改革で成果をあげ、教皇権の向上に寄与。世俗の権威に委ねられていた司教や大修道院長の任命権（叙任権）を教会の手に取り戻すため、神聖ローマ皇帝ハインリヒ四世と対立したことでも知られる。

カノッサ事件

聖職叙任権をめぐってローマ教皇グレゴリオ七世と対立、教皇により破門された神聖ローマ皇帝ハインリヒ四世が1077年1月25日から三日間、カノッサ城門で雪の中、裸足のまま断食と祈りを続け、教皇からゆるしを願った出来事、「カノッサの屈辱」ともいう。ハインリヒ四世が以前、服従を誓いながら手のひらを返すように敵対したことを考えればゆるすことによって招かれる状況は予想できるものだったが、罪のゆるしを乞う人物を無視することは教皇の聖職者としての良心がゆるさなかった。破門を解かれたハインリヒ四世はドイツに戻り、後にイタリアに乗り込み、ローマを包囲、脱出した教皇は1085年、イタリア南部のサレルノで客死した。

◎十三世紀

一九三代ボニファツィオ八世（在位一二九四年～一三〇三年）

フランス王フィリップ四世と対立し、アナーニ事件後「憤死」したともいわれる。フィレンツェの支配を目論み内紛を扇動、政治的に対立したダンテは代表作『神曲』においてボニファツィオ八世を「地獄に堕ちた教皇」として描いた。華美を好み美食家で、賭博も好んだ一方で、学問の造詣も深く、聖年を定め、ローマ大学を創設し、ジョットら画家や彫刻家のパトロンとなって文化・芸術の保護者となった。

アナーニ事件

教会財産への課税問題、司教任命権などで教皇と争っていたフランス王フィリップ四世が1303年、ボニファツィオ八世をイタリアの山間都市アナーニで捕らえた事件。アナーニ住民の頑強な抵抗で救出された教皇はこの一連の事態に怒りと失望で傷心し、三週間後に死亡した。

◎十四世紀

一九五代クレメンス五世

（在位一三〇五年～一三一四年）

フランス王フィリップ四世の後援により選出されたため、彼の強い影響下にあり、一度もローマに入ることなく一三〇八年に教皇庁をフランス南東部のアヴィニョンに遷した（「アヴィニョン捕囚」）。以後、約七十年間教皇庁はアヴィニョンにあり、教皇権はフランス王のもとに置かれることとなる。

◎十六世紀

二一七代レオ十世

（在位一五一三年～一五二一年）

メディチ家出身で、派手好き、イベント好きといわれ、ラファエロらのパトロンとなる。この時代、ローマを中心とするルネサンス文化は最盛期を迎えた。一五一七年にサン・ピエトロ大聖堂建設資金のために贖宥状（免償符）の販売を認めたことが、ルターによる宗教改革のきっかけとなった。

二二五代聖ピオ五世

（在位一五六六年～一五七二年）

教皇宮廷の経費削減、宿屋の規制、娼婦の追放、儀式の尊重など抜本的な改革案を次々に実行に移してローマの風紀刷新に乗り出した。

◎十五世紀

二〇五代グレゴリオ十二世

（在位一四〇六年～一四一五年）

教会大分裂の時期に選出されたが対立教皇ベネディクト十三世が立ったため、一四〇九年のピサ教会会議で二人を廃位、ミラノ大司教を教皇として選出。しかし双方同意しなかったため、三人の教皇が鼎立する状態になった。一四一四年から開催されたコンスタンツ公会議で三人の教皇が廃位。一四一七年にマルティノ五世が選出され、教会大分裂が解消された。

二一四代アレクサンドロ六世

（在位一四九二年～一五〇三年）

教会法の厳密な遵守と教会統治の円滑な実施を徹底、困窮した財政を立て直しを図る一方で、好色、強欲、サヴォナローラとの対立などルネサンス期の世俗化した教皇の代表的存在ともいわれる。愛人との間の息子チェーザレ・ボルジアを右腕とし、一族の繁栄とローマ教皇庁の軍事的自立に精力を注いだ。

二二〇代パウロ三世

（在位一五三四年～一五四九年）

一五三七年、イニゴという人物に率いられた小さなグループを謁見、後に修道会として認可する。イグナチオ・デ・ロヨラに率いられたイエズス会である。ミケランジェロを高く評価し、システィーナ礼拝堂に「最後の審判」を描かせた。逝去の年に、イエズス会のフランシスコ・ザビエルが宣教師として来日、日本へのキリスト教の布教が開始された。

◎十七世紀

二三六代インノチェンツィオ十世

（在位一六四四年〜一六五五年）

もとは法学者として外交分野で業績をあげていた。前教皇ウルバノ八世が断罪したコルネリウス・ヤンセンの著作『アウグスティヌス』をあらためて弾劾、以後ジャンセニスムと教皇庁の長い戦いが続くことになる。

◎十八世紀

二四七代ベネディクト十四世

（在位一七四〇年〜一七五八年）

司祭の養成システム、教会暦、教皇庁の諸制度の改革と近代化に努めた一方で、宣教地における適応政策を批判し、キリスト教の民族文化の取り込みを禁止した。主にインドと中国において適応政策によって宣教に成功していたイエズス会を批判、軌道に乗り始めていた東洋における宣教活動の衰退を招いた。

二四九代クレメンス十四世

（在位一七六九年〜一七七四年）

ヨーロッパ諸国の圧力に屈して一七七三年小勅書『ドミヌス・アク・レデンプトール』を公布、イエズス会を解散させた。以後、世俗国家の要求に屈した教皇として汚名を着せられることになる。

二二六代グレゴリオ十三世

（在位一五七二年〜一五八五年）

グレゴリオ暦と呼ばれる新暦を採用したことでも有名。天正遣欧少年使節の謁見も行っている。学問を好み、教会法の改訂を行い、聖職者養成のため神学校を設立、イエズス会の教育事業を強力に後押しし、その功績は現在「グレゴリアン大学」という名称に残されている。

二五〇代ピオ六世

（在位一七七五年〜一七九九年）

二十四年間の在位中で一七八九年、フランス革命が勃発。ナポレオンのフランス軍が教皇領に侵攻しローマ共和国の成立を宣言、教皇の退位を迫った。しかしこれを拒否したため、事実上の捕虜としてイタリアからフランス各地を転々とさせられた。

◎十九世紀

二五一代ピオ七世
(在位一八〇〇年～一八二三年)

一八〇四年にナポレオンの戴冠式でフランスを訪れ、政府が教会を支配する状況に愕然として以後はナポレオンと対立、北イタリアのサヴォーナに幽閉される。ナポレオン退位後、ローマに帰還。イエズス会の復興やロシアとプロシアとのコンコルダート(政教条約)の締結など、多くの成果を残している。

二五四代グレゴリオ十六世
(在位一八三一年～一八四六年)

近代科学技術を否定し、鉄道やガス灯などの教皇領内設置を拒否。近代主義と世俗国家のあり方を糾弾しつつ、教会の中に閉じこもっていったグレゴリオ十六世時代のスタイルは、後の第一バチカン公会議に至る伏線となる。

二五六代レオ十三世
(在位一八七八年～一九〇三年)

「誤謬表」発表以来断絶していた近代社会との相互理解を目指した。社会問題を扱った回勅『レールム・ノヴァールム』では労働者の権利を擁護し、搾取と行き過ぎた資本主義に警告を行いながら、一方で台頭しつつあったマルクス主義や共産主義を批判している。バチカン図書館の資料を一般に公開、神学校の設立にも力を注ぎ、フランス革命以来、共和制フランスを初めて認めた教皇でもある。

二五五代福者ピオ九世
(在位一八四六年～一八七八年)

三十一年七カ月という最長在位記録をもつ。一八六四年に発表した「誤謬表」(シラブス)は合理主義、自由主義など近代思想・文化を否定、近代社会との断絶を決定的にした。第一バチカン公会議を召集したが、普仏戦争の勃発によって予定会期を消化しないまま閉会。ここで採択された「教皇不可謬説」の解釈をめぐっては大きな波紋を呼ぶ。一八六二年、日本二十六聖人を列聖し、一八六八年には長崎の信徒発見のニュースに喜びを表す書簡を発表するなど、日本への関心は高かったとされる。

教皇《きょうこう》不《ふ》可《か》謬説《びゅうせつ》

教皇不可謬説は、カトリック教会において、ローマ教皇が「信仰および道徳に関する事柄について教皇座から厳かに宣言する場合、その決定は聖霊の導きに基づくものとなるため、正しく決して誤りえない」という教義のこと。不可謬になりうるのは「教会が長きにわたって伝統として教えてきたこと」か「教皇座(エクス・カテドラ)から厳かに宣言された」信仰に関する事柄のみに限定されている。決して、教皇の発言がすべて誤りなく、正しいということではない。さらに、たとえ「教皇座からの荘厳な宣言」であっても、それが「教会の伝統的な教え」と矛盾しないよう配慮される。教皇不可謬が教義として正式に宣言されたのは1870年の第一バチカン公会議においてであるが、その思想自体には初代教会以来の長い歴史的な伝統がある。

◎二十世紀

二五七代聖ピオ十世
（在位一九〇三年～一九一四年）

十六世紀のピオ五世以来、四百年ぶりに教皇として列聖された。保守的な教皇として知られ、「近代主義」と「相対主義」を、キリスト教を脅かす思想として警戒。教会法の改正を指示し、グレゴリオ聖歌の典礼における利用を推進、頻繁な聖体拝領と子どもの初聖体を奨励した。また、パリ外国宣教会のみで行われていた日本への宣教を他修道会に許可し、イエズス会に日本での活動を依頼。これが後の上智大学創立へとつながった。

二五八代ベネディクト十五世
（在位一九一四年～一九二二年）

第一次世界大戦の中で教皇としてバチカンの「不偏中立」を宣言、平和実現のためさまざまな外交努力を行った。

二六一代聖ヨハネ二十三世
（在位一九五八年～一九六三年）

選出時七十六歳という高齢で、在位期間は五年に満たないものであったが、飾らない態度とユーモアのセンスによって世界を魅了した。東西冷戦の解決を模索し、キューバ危機においても米ソ双方の仲介に尽力。カトリック教会の近代化を目指し、第二バチカン公会議を開催したが会期途中で世を去った。

二五九代ピオ十一世
（在位一九二二年～一九三九年）

二つの世界大戦のはざまで、世界平和の実現に奔走し、十九世紀以来とだえていた諸国と教会の関係正常化を図った。諸言語に通じ、古代以来のさまざまな神学的著作に精通。バチカンの絵画館、ラジオ局、そしてローマ教皇庁立科学アカデミーは、すべてピオ十一世のもとでつくられたものである。政治的には一九二九年のラテラノ条約をはじめとする政教条約の締結で知られる。

ラジオでの説教に臨む
ピオ十一世

二六〇代ピオ十二世
（在位一九三九年～一九五八年）

第二次世界大戦において「不偏中立」を主張したが、ナチス党政権下のドイツのユダヤ人迫害をはっきりと非難しなかったことで、戦後批判を受けた。一九五〇年の大聖年に、聖母マリアが人生の終わりに肉体と霊魂を伴って天国にあげられたという「聖母の被昇天」を正式に教義として宣言している。

二六二代聖パウロ六世（在位一九六三年～一九七八年）

ヨハネ二十三世から第二バチカン公会議を引き継いで全うし、その理念の実施を促進、教会改革に取り組んだ。回勅『フマーネ・ヴィテ』で人工的な産児制限を否定し、さらに司祭の独身性を主張し、論議を呼んだ。教皇として初めて五大陸をめぐり、初めて飛行機を利用し、初めて聖地エルサレムに足を踏み入れたことで、「旅する教皇」といわれた。

二六三代ヨハネ・パウロ一世（在位一九七八年）

「ヨハネ・パウロ」（ヨハネ二十三世とパウロ六世の改革路線を継承するという意志の表れともいわれる）という複合名を初めて採用した。演説の中では従来の慣習を破って自らを「わたし」と言い、難解な用語やラテン語を一般人にも理解しやすい平坦な表現へと改め、「ほほ笑みの教皇」と慕われた。就任後間もなくバチカン銀行の改革を表明、支持と喝采を受けたが教皇在位わずか三十三日で帰天。

二六四代聖ヨハネ・パウロ二世（在位一九七八年～二〇〇五年）

二一八代ハドリアノ六世（オランダ）以来四百五十五年ぶりの非イタリア人教皇にして史上初のスラヴ系教皇。在位期間は歴代二位の二十六年五カ月二週間。世界平和と戦争反対を呼びかけ、母国ポーランドをはじめとする民主化活動の精神的支柱としての役割も果たすなど数々の平和行動を実践、世界中を訪問して「空飛ぶ教皇」と呼ばれた。また、生命倫理の分野などでキリスト教的道徳観の再提示を行い、一九九五年の回勅『エヴァンジェリウム・ヴィテ』（『いのちの福音』）では、妊娠中絶や安楽死を「死の文化」と非難し、「いのちの文化」の必要性を訴えた。他宗教や異文化との対話を呼びかけたことは宗教の枠を超えて現代世界全体に大きな影響を与え、今も多くの信者・宗教関係者から尊敬されている。

◎二十一世紀

二六五代ベネディクト十六世（在位二〇〇五年～二〇一三年）

教皇選出時七十八歳というのはクレメンス十二世以来の最高齢での選出。七百十九年ぶりに生前退位し名誉教皇となった。イタリアでテレビ番組に出演し、史上初めて教皇としてテレビを通じて信徒の質問に答え、ツイッターを「福音を世界に宣べ伝える新しい窓」と位置づけてツイートを開始するなど新しい試みを行うも、思想的には超保守派とみなされる。

二六六代フランシスコ（在位二〇一三年～）

史上初のアメリカ大陸出身、史上初のイエズス会出身の教皇。ローマ教皇として初めて「フランシスコ」（アシジのフランシスコ）を名乗る。教皇の指輪を金から銀の金メッキに変え、伝統的に履かれていた赤い靴も使用せず、住居はバチカン宮殿ではなく各国の聖職者がホテルとして利用するサン・マルタ館の一室に定めるなど、質素で堅実な生活を好む。貧困問題にも熱心に取り組むその思想・信条はヨハネ二十三世やヨハネ・パウロ一世と共通していることから、内外の期待が高まっている。

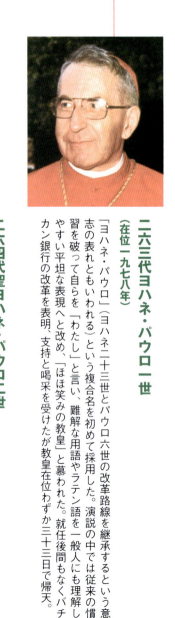

教皇が出てくる映画観ようよ！

中村恵里香

三十八年ぶりに教皇が来日されるときいて、教皇を描いた映画ってどのくらいあるのか調べてみました。するとびっくり。私自身、月刊「カトリック生活」で映画紹介の連載をもっていて、教皇を描いた映画をすでに『カロル』『ヨハネ二十三世』『ローマ法王となる日まで』と三作ご紹介させていただきましたが、思った以上にたくさんの映画がありました。

観られるものはなんでも観てやろうと、手に入るものは購入したり、レンタルしたりで、観てみました。観られたもの、観ていないものも含めて教皇を描いた映画を簡単にご紹介したいと思います。

教皇に関する映画を大別すると

①ドキュメンタリー映画

②教皇の足跡を事実に基づいて描いたもの

③実在の事件をもとに教皇庁を中心にして描いたもの

④教皇と教皇庁を中心にしたフィクション

以上の四つに分類されるようです。

ドキュメンタリー映画に描かれた教皇

まずはドキュメンタリー映画ですが、一番多いのはなんといってもヨハネ・パウロ二世です。

『ローマ法王　ヨハネ・パウロ二世　平和の架け橋』、『クレド〜ローマ教皇ヨハネ・パウロ二世の想い出』、『〝恐れるなかれ〟教皇ヨハネ・パウロ二世』、ほかにもたくさんあるようです。

次の教皇、ベネディクト十六世は、『教皇ベネディクト十六世』のほかは音楽関係が多いようで、『教皇ベネディクト十六世バースデイ・コンサート』、『ローマ教皇ベネディクト十六世のためのコンサート　ヤンソンスの第九』、『ローマ教皇ベネディクト十六世就任祝賀コンサート』など教皇列席のもと行われたコンサートをおさめたものです。

そして、現教皇フランシスコの映画もありました。『教皇フランシスコの素顔』です。ほかに、二〇一八年十一月に日本ではたった一日ラテンビート映画祭で公開されたヴィム・ヴェンダース監督の『ローマ教皇フランシスコ』もドキュメンタリー映画です。

この中で観られたものは、『ローマ法王ヨハネ・パウロ2世　平和の架け橋』と『教皇ベネディクト十六世』『教皇フランシスコの素顔』です。

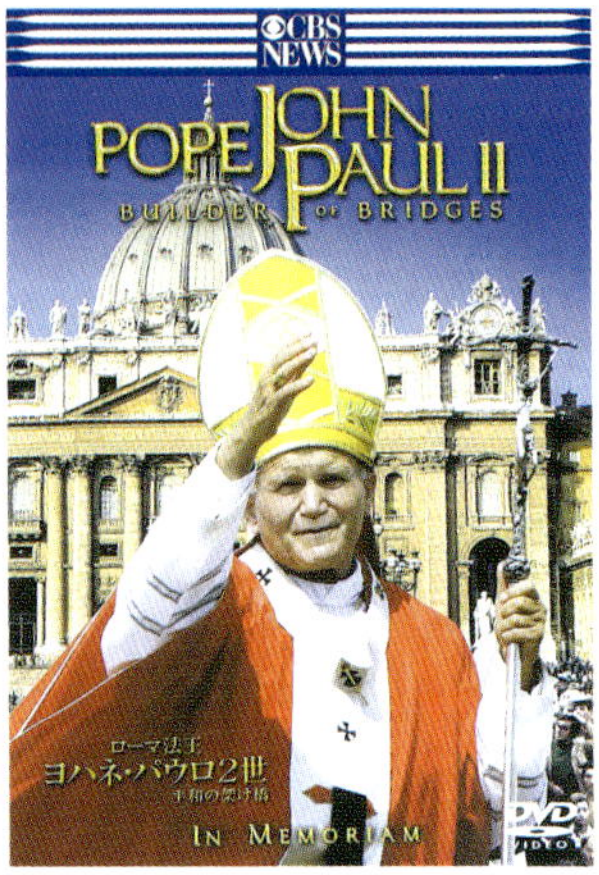

パラマウント・ジャパン

『ローマ法王　ヨハネ・パウロ2世　平和の架け橋』

ヨハネ・パウロ二世の生い立ちから教皇になってのちの活動まで、実際のニュース映像をもとに編集されたものです。

ヨハネ・パウロ二世は、教皇となって八カ月後、まだ冷戦のもとで独裁政権下にあった母国ポーランドを訪問しています。それ以降、亡くなるまでに九回もポーランド訪問を果たしています。他の国では、アメリカが七回と突出して多く、次にメキシコ、スペインが五回となっていますが、ポーランドは特別に多いのです。ヨハネ・パウロ二世が、母国というだけでなく、ポーランド訪問にこだわった理由があります。それはなんなのか、映画に克明に描かれています。独裁政権下の最初の訪問の様子からも伺われます。

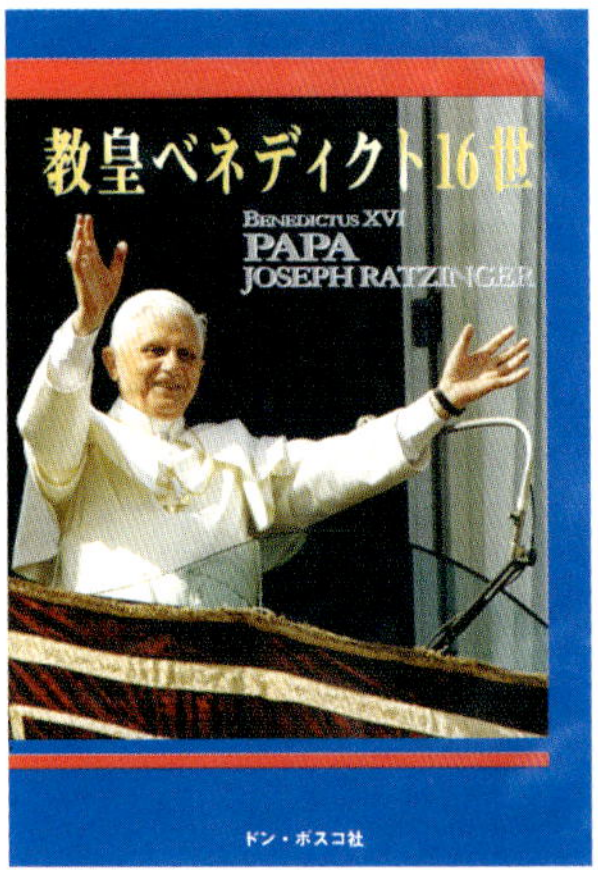

ドン・ボスコ社
(制作：RAI TRADE, Italy)

『教皇ベネディクト十六世』

この映画は、ヨハネ・パウロ二世の死の知らせから始まります。ヨハネ・パウロ二世の葬儀、そして教皇選挙であるコンクラーベを経て、新教皇ベネディクト十六世が誕生するまでの物語が、実際の映像で綴られていくのが第一部です。そして第二部は、新教皇になったヨゼフ・ラッツィンガーの人生と信仰の歩みを、幼少期から教皇に選ばれるまで振り返っていきます。長年教理省長官を務めたラッツィンガー枢機卿が教皇としてなにを目指すのか、新たな出発への期待が描かれています。

サンパウロ

『教皇フランシスコの素顔』

ベネディクト十六世の引退から話は始まり、コンクラーベで五回の投票を経て教皇に決まったホルヘ・マリオ・ベルゴリオ枢機卿にスポットを当てていきます。

彼の生い立ちから、教皇としてどのような立場に立って、どのように歩んでいくのかを、過去の映像とともに七人の証言によってまとめた作品です。教皇フランシスコの言葉に耳を傾けるための作品といえるでしょう。

教皇の足跡を事実に基づいて描いたもの

教皇の足跡を描いた映画は連載の中でもご紹介したことがありますが、三作あります。年代順に『聖ヨハネ二十三世　平和の教皇』と『カロル――教皇になった男』、そして『ローマ法王になる日まで』です。

『聖ヨハネ二十三世　平和の教皇』

一九五八年教皇ピオ十二世の死によって次の教皇に選ばれたベニスの大司教アンジェロ・ジュゼッペ・ロンカッリ枢機卿の物語です。七十歳を越え、自分の納まる石棺を品定めしているロンカッリ枢機卿（マッシモ・ギーニ）のもとにピオ十二世の死の知らせが届き、周囲に追い立てられるように慌ただしくローマに旅立ちます。

ローマでコンクラーベが始まり、ロンカッリ枢機卿は自らの半生を振り返り始めます。誌面の関係で省きますが、ロンカッリ枢機卿の半生をていねいにたどりながら、コンクラーベで十一回もの投票を経て新教皇に選任されるまでを描きます。

時は冷戦時代です。ソ連のフルシチョフ首相とアメリカのケネディ大統領が一触即発の状況にあったキューバ危機では、その仲介に尽力します。そしてこの教皇が行った前代未聞の出来事が第二バチカン公会議開催です。ヨハネ二十三世は、平和を愛し、世界に平和を築こうと心を尽くした教皇です。今のカトリック教会の姿をつくった人でもあります。ヨハネ二十三世のやり遂げたことが、後に続く教皇に影響を与えたと感じられる作品です。

『聖ヨハネ二十三世　平和の教皇』
監督：ジョルジオ・カピターニ
2002年イタリア
2016年日本語字幕版 DVD

『カロル――教皇になった男』

この映画の主人公ヨハネ・パウロ二世は、私たち信徒に教皇という存在を身近に感じさせてくれた教皇ですが、その人生は困難の連続でした。

一九三九年、ドイツのナチス軍がポーランドのクラクフに侵攻するところから物語は始まります。ナチス軍の侵攻、そしてその後ソ連に統治されていったポーランドにおいて青年時代を過ごしたカロル・ヴォイティワ（ピョートル・アダムチク）が、銃ではなく、愛による救済の実践を目指し、やがて教皇ヨハネ・パウロ二世になるまでの物語です。

『カロル　教皇になった男』
脚本・監督：ジャコモ・バッティ
2005年イタリア・ポーランド
2014年日本語字幕版 DVD

『法王になる日まで』

一九六〇年アルゼンチンの首都ブエノスアイレスで神父になることを決めたベルゴリオ（ロドリゴ・デ・ラ・セルナ）は、イエズス会に入会し、司祭となります。南米のイエズス会管区長に任命されたベルゴリオは、軍事独裁政権下で、さまざまな問題に直面します。軍事政権が終わりを告げ、突然何の心配もない境遇になりますが、逆に心が空虚になってしまいます。そこで出会うのが結び目を解く聖母マリアです。さまざまな困難と立ち向かい、遂に教皇に選出される、この教皇こそが今回来日される教皇フランシスコです。

三人の教皇の物語を簡単にご紹介しましたが、三人に共通するものは、戦争を否定し、平和を求め、愛を貫く姿です。

実在の事件をもとに教皇庁を中心にして描いたもの

『法王の銀行家ロベルト・カルヴィ暗殺事件』

実在の事件が教皇庁にあるの？　という疑問はありませんか。それが結構あるのですが、この事件は、ヨハネ・パウロ一世からヨハネ・パウロ二世へと教皇が代わったころに起こった事件のようです。

ロベルト・カルヴィは、バチカン銀行の資金管理を行うアンブロージア銀行の投資部門の責任者から頭取に上り詰めた人物です。話はすごく複雑。ここで詳細をお話しすることができないのが残念ですが、フリーメイソンやマフィアなど、さまざまな人物を巻き込み、物語は展開していきます。教皇庁内でも、マルチンクス大司教やさまざまな枢機卿をも巻き込み、やがて背任容疑でカルディは拘束されてしまいます。その後、判決が出ると、控訴審までの釈放期間に偽装パスポートを使い国外逃亡をしてしまいます。

ぜひDVDを借りて観てください。なぜ、カルヴィは自殺を装って殺されたのか、銀行内部の問題と教皇庁との問題がさまざまに浮き彫りにされ、一度ではよく理解できないかもしれませんが、ドキドキの展開が待っています。

『法王の銀行家
ロベルト・カルヴィ暗殺事件』
監督：ジュゼッペ・フェッラーラ
2002年イタリア

ほかに、『二人のローマ教皇』（二〇一九年英米伊亜合作）というコメディドラマ映画もあります。まだ観るチャンスを得ていませんが、二〇一二年実際に「バチカンの壁」で起きたホルヘ・マリオ・ベルゴリオ枢機卿（現教皇フランシスコ）と教皇ベネディクト十六世の対話を描いた作品だそうです。ネット配信サービスを通じて配信予定で、ベネディクト十六世をアンソニー・ホプキンスが演じるというのも興味深いところです。

教皇と教皇庁を中心にしたフィクション

あり得ない話ではないですが、フィクションとして描かれている映画をまずいくつかあげたいと思います。

『栄光の座』

一九六八年に制作されたアメリカ映画で、私が観たのはかなり前になりますので記憶も曖昧ですが、ソ連で政治犯として強制労働に長年従事していた元大司教のキリル（アンソニー・クイン）が、ある日突然釈放されるところから始まります。それはソ連の首相カメネフ（ローレンス・オリビエ）の命令によるものでした。そのころ、中国では飢饉に悩まされ、中国の当時の主席ペング（バート・ク

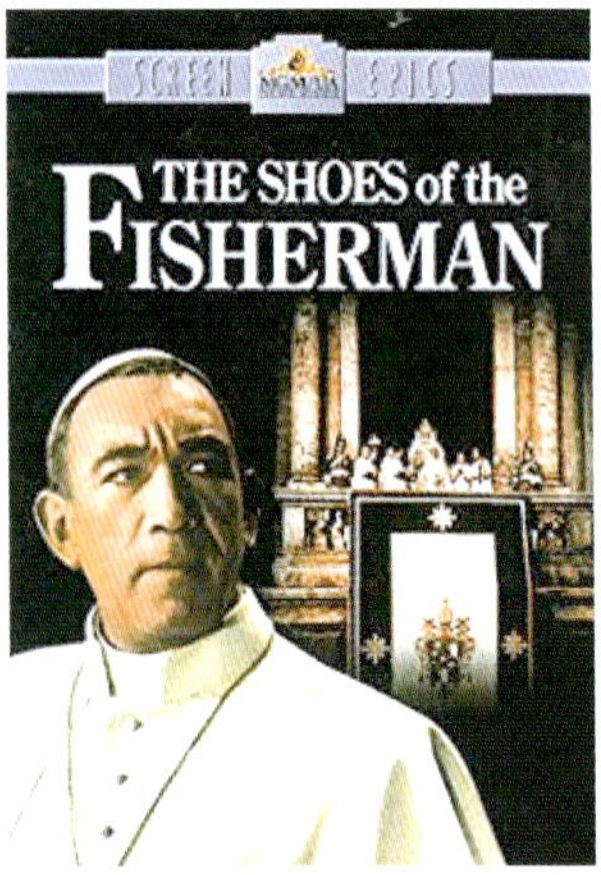

『栄光の座』
原題：The Shoes of the Fisherman
監督：マイケル・アンダーソン
1968年アメリカ

ウォーク）がビルマやタイ、ベトナムなどへの侵攻をもくろんでいました。一歩間違えば第三次世界大戦の危機です。そこでカメネフは、ローマ教皇庁に目をつけ、危機を回避しようとします。

キリルがローマに着くと、まさに教皇が他界したところでした。キリルの謙虚さと勇気にうたれたバチカンの国務長官リナディ枢機卿は、キリルを次期教皇に推薦します。投票の結果、キリルは教皇となり、カメネフとともに中国に向かい、ペングとの会談を行います。結果がどうなるか……、ぜひ映画を観てください。

ほかに教皇自身を描いたものではありませんが、教皇庁の姿勢を問う映画として話題になった一九六三年に公開のアメリカ映画『枢機卿』などがあります。

また、私は観ていないのですが、伝説の教皇を描いた『女教皇　ヨハンナ』。八五五年から八五八年まで在位していた女性の教皇といわれていますが、これはあくまでも伝説のようです。私たちがヨハンナの姿を目にするのは、タロットカードの女教皇ですが、彼女の人生を描いたものです。

『ローマ法王の休日』
監督：ナンニ・モレッティ
2011年のイタリア・フランス

『ローマ法王の休日』

あり得そうであり得ない話といえばこの映画。私の一番の感想は、なぜコンクラーベで選出されたときにすぐに辞退せず、さらに教皇になることを承認したにもかかわらず、なぜ民衆の前で挨拶ができないのか、そしてなぜ逃走してしまうのということ。

重責を担うことができない人が選挙で選ばれ、人の上に立つのは無責任だしあり得ないと思ってしまったので、私には、理解しにくい作品でした。

『法王さまご用心！』

（監督：ピーター・リチャードソン／一九九〇年イギリス）

イギリスのコメディ映画。ローマ教皇が急死し、慌てた枢機卿たちが最新のコンピューターで新教皇を選び出します。ところが大司教がその名を間違えて呼んでしまったので、ファンキーな田舎司教がローマにやってくるというお話です。イタリアでは上映禁止になったほどあり得ない話だったようです。

『レーザー・ポープ』（監督：ルーカス・リンカー）

ドイツのショートムービー。暗殺によって死去した若きローマ教皇が、運び込まれた病院で最先端の実験的手術を受け、三日目に復活し、コンクラーベの最中に悪徳の限りを尽くしていた枢機卿たちを襲撃する話です。

ほかにもまだまだあります。たとえば、教皇一家の話を扱ったテレビドラマ『ヤング・ポープ　美しき異端児』、『ボルジア家　愛と欲望の教皇一族』などです。興味のある方は、レンタル店に行って、教皇もしくは法王で検索してみてください。荒唐無稽なものも結構あります。私たち日本の信徒には受け入れられないものもあるかもしれませんが、海外では信仰のうちにも教皇を身近に感じているからこそつくられる作品群といえるかもしれません。以上、なるべく多くの作品を思い、簡単にお話ししましたが、いつか機会があれば、じっくりご紹介できればと考えています。

なかむら・えりか　出版社勤務を経てライターとして活動。SIGNIS JAPAN SIGNIS GOODNEWS NETWORK会員。

バチカン

バチカンは「聖座（Holy See）」と「バチカン市国（Vatican City State）」の総称。「聖座」とはローマ教皇及びローマ教皇庁（政府に相当）を総称した概念で、約十二億人とも言われる信者を擁するカトリック教会の最高機関であり、国家としての側面ももっています（国連を含めた多くの国際機関に「教皇聖座」又は「バチカン市国」として加盟又はオブザーバー参加）。

一方「バチカン市国」とは「聖座」に居所を提供している領域としての国家を指します。

どうして一つの宗教団体が、たとえ小さくても国をもつに至ったのか、それは一九二九年のラテラノ条約が直接のきっかけとなっているという深い歴史的背景があって……。一緒にのぞいてみませんか、バチカンの歴史。

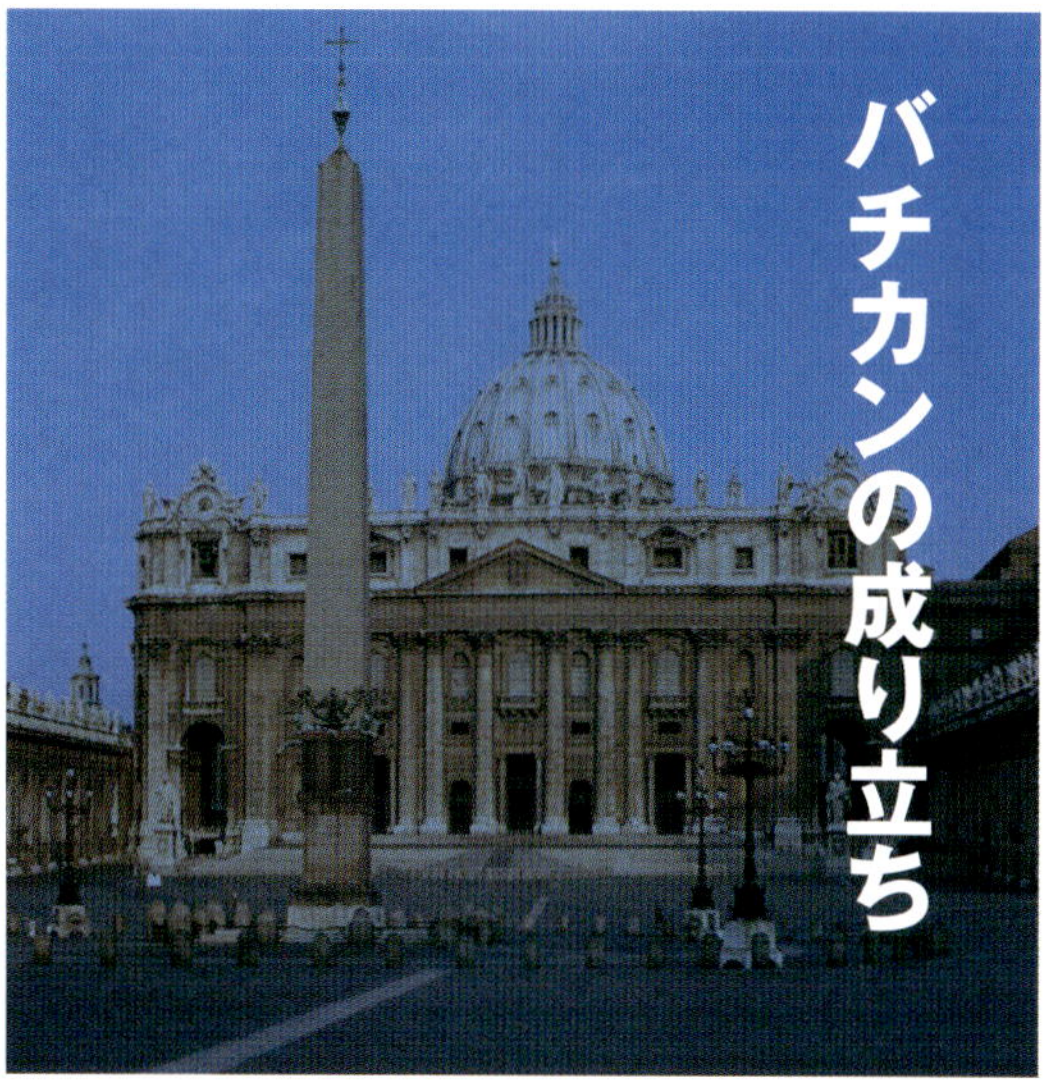

バチカンの成り立ち

始まりはペトロの墓

二千年前、ローマの西側、テヴェレ川の湾曲部にある今のバチカンは、辺鄙《へんぴ》な湿地帯でした。川の氾濫でしょっちゅう冠水するので、低地はいつもじめじめして蚊がはびこり、健康に良くない土地とされていたのです。今でもこの一帯は、ローマ中で一番気候の悪い場所と考えられています。

ブドウ栽培なども行われましたが、それよりもこの土は陶器やれんがなどの焼き物に適していたようで、小高い丘は異教徒の墓地として使われていたようです。

三〇年ごろ、悪名高いローマ帝国の皇帝、カリグラとネロが、この地に円形競技場を建てました。ここで無数のキリスト教徒が、見世物として野獣との〝試合〟で殺され、はりつけにされ、生きながら火あぶりにされていきました。使徒ペトロも六四年ないし六七年ごろに殉教し、ほかの殉教者たちと同じように、この地の丘に埋葬されたと考えられています。

三一三年、コンスタンティヌス帝がミラノ勅令を出してキリスト教を公認し、迫害はやっと終わりを告げました。それだけではありません。コンスタンティヌス帝は、キリスト教に対する敬意を示すため、ペトロの墓の上に教会を建てたのです。これが、最初のサン・ピエトロ聖堂。つまりバチカンは、ペトロの墓がその始まりであり、中心でもある、ということです。

聖堂は巡礼地となり、付近には修道士のための修道院や、巡礼者のための宿泊施設も建てられました。たびたび起きたアラブ人略奪軍の襲撃を防ぐため、八五〇年ごろには全長三・五キロメートルの城壁もできました。これが現在の、バチカン市国の国境となりました。

ちなみに四七六年、ゲルマン民族の大移動で西ローマ帝国が消滅すると、カトリック教会はローマ文明の継承者として、帝国の権威を引き継ぐことになりました。後には教皇が、蛮族の王をローマ世界の正当な統治者として承認するという体制もできあがります。バチ

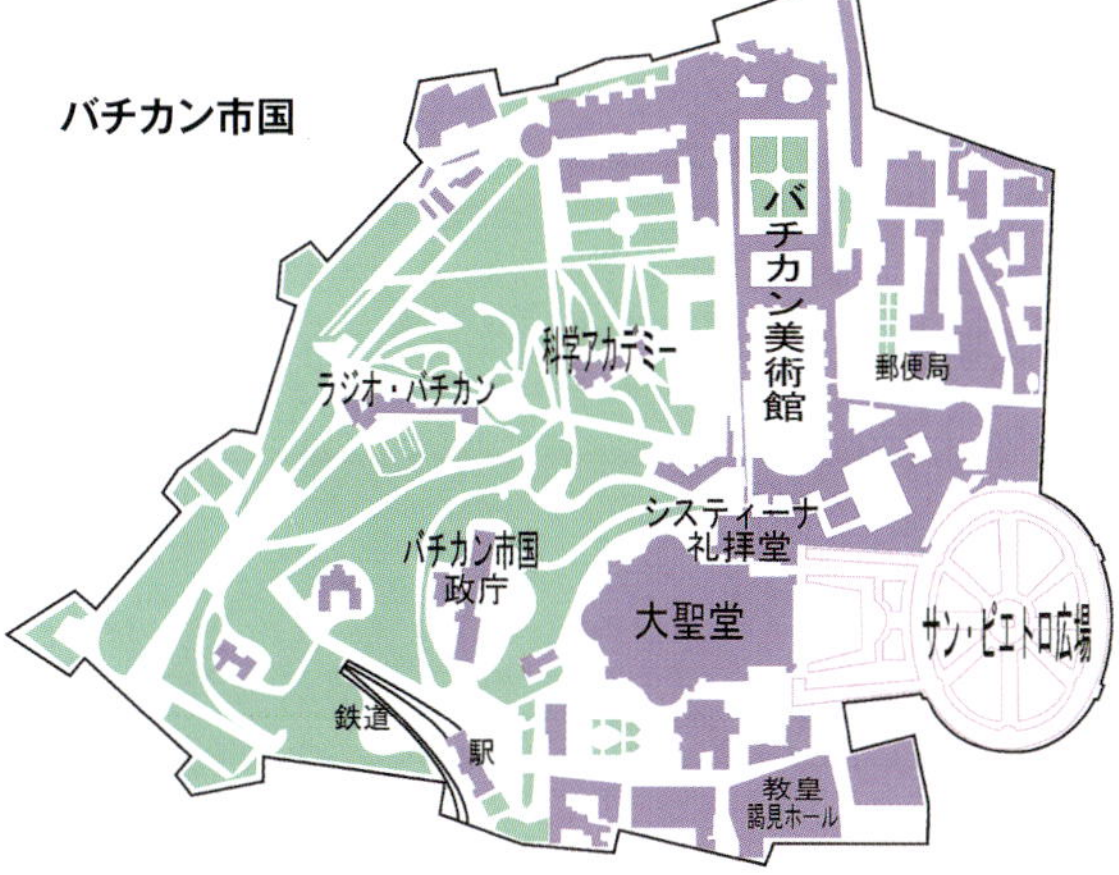

カンが宗教団体でありながら、国として発展したのは、こうした背景があるのです。

ルネサンスの到来

十字軍（一〇九六〜一二七〇年）の失敗や「教皇のバビロン捕囚」（「アヴィニョン捕囚」一三〇九〜一三七七年）などで、十四世紀、教皇の権威は低下する。そんな中、ルネサンス時代が到来し、バチカンは建築ラッシュを迎えます。

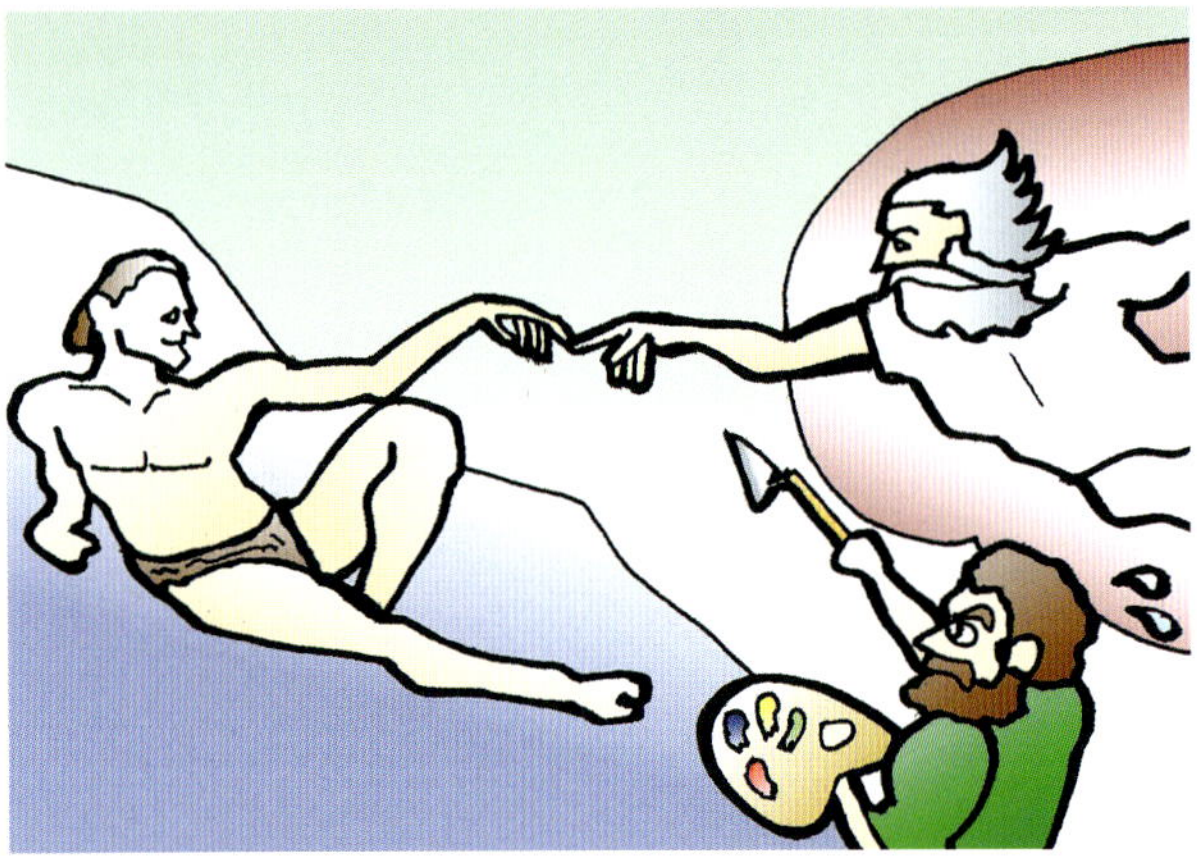

天地創造の絵を描くミケランジェロ

それまでの教皇たちはローマ東部のラテラノ宮殿に住んでいましたが、十五世紀半ばにバチカンに教皇宮殿が建ち、図書館もできます。一五〇六年にはサン・ピエトロ聖堂の建て直しが始まり、一六二五年には、大聖堂が完成します。レオナルド・ダ・ヴィンチやミケランジェロ、ラファエロなど第一級の芸術家たちの手で、システィーナ礼拝堂、教皇宮殿、広場なども造られました。ルネサンスの最高傑作がバチカンに次々と登場した一方で、巨額な費用を賄うために免償《めんしょう》符《ふ》（免罪符）が大量発行されました。これがルターによる宗教改革のきっかけにもなったことは、付け加えておかねばならないでしょう。

ラテラノ条約締結

カトリックとプロテスタントの対立による三十年戦争（一六一八〜一六四八年）をはじめ、啓蒙思想や市民革命、無神論や進化論……、近代に入ってカトリック教会は、時代の流れに翻弄されていきます。そして十九世紀、その存在自体を揺るがす一大事が起きました。

剣を持つ聖パウロ

鍵を持つ聖ペトロ

いろいろな勢力が分立していたイタリアで、国家統一運動（リソルジメント）が始まったのです。運動は、教皇領も例外とはしませんでした。一八七〇年、フランス軍が教皇領から撤退すると、ピエモンテ軍があっという間に侵攻し、イタリア統一を達成したのです。教皇ピオ九世は、バチカンの宮殿に立てこもって徹底抗戦の構えをとり、後の教皇たちもそれに続きます。イタリア王国の政治体制を認めず、カトリック信者の政治参加を禁じたので、そうした事態は「ローマ問題」と呼ばれました。
そして一九二九年、教皇ピオ十一世が独裁者ムッソリーニとラテラノ条約を結ぶことで、ようやくカトリック教会とイタリア政府との関係は正常化し、現在のバチカン市国が誕生したのです。

ラテラノ条約で決められたバチカン市国の領域は、次のとおり。

①サン・ピエトロ大聖堂と広場、及び囲壁に囲まれた領域。

②ラテラノのサン・ジョバンニ大聖堂などローマ市内外のいくつかの建物。イタリア国家領土内だが、治外法権が認められる。

③教皇庁立グレゴリアン大学とこれに類するいくつかの施設。これらはイタリア国家の管轄下だが、課税と国家による土地の収用を免れる。

陸の孤島であるバチカン市国のために、イタリアは水や電話、郵便の提供、一般公開中のサン・ピエトロ広場を警備する義務を負いました。また、市国の地下にトンネルを掘ったり航空機が上空を飛んだりすることは禁じられました。

この条約で、バチカン市国の存在理由は「教皇座の完全かつ明確な独立を確保し、国際法上もその明白な主権を保証することである」とされました。つまり教皇が各国の君主と同じ地位を得ることで、他国の制約を受けることなく、キリストの精神をこの世に伝えることができるようになったのです。

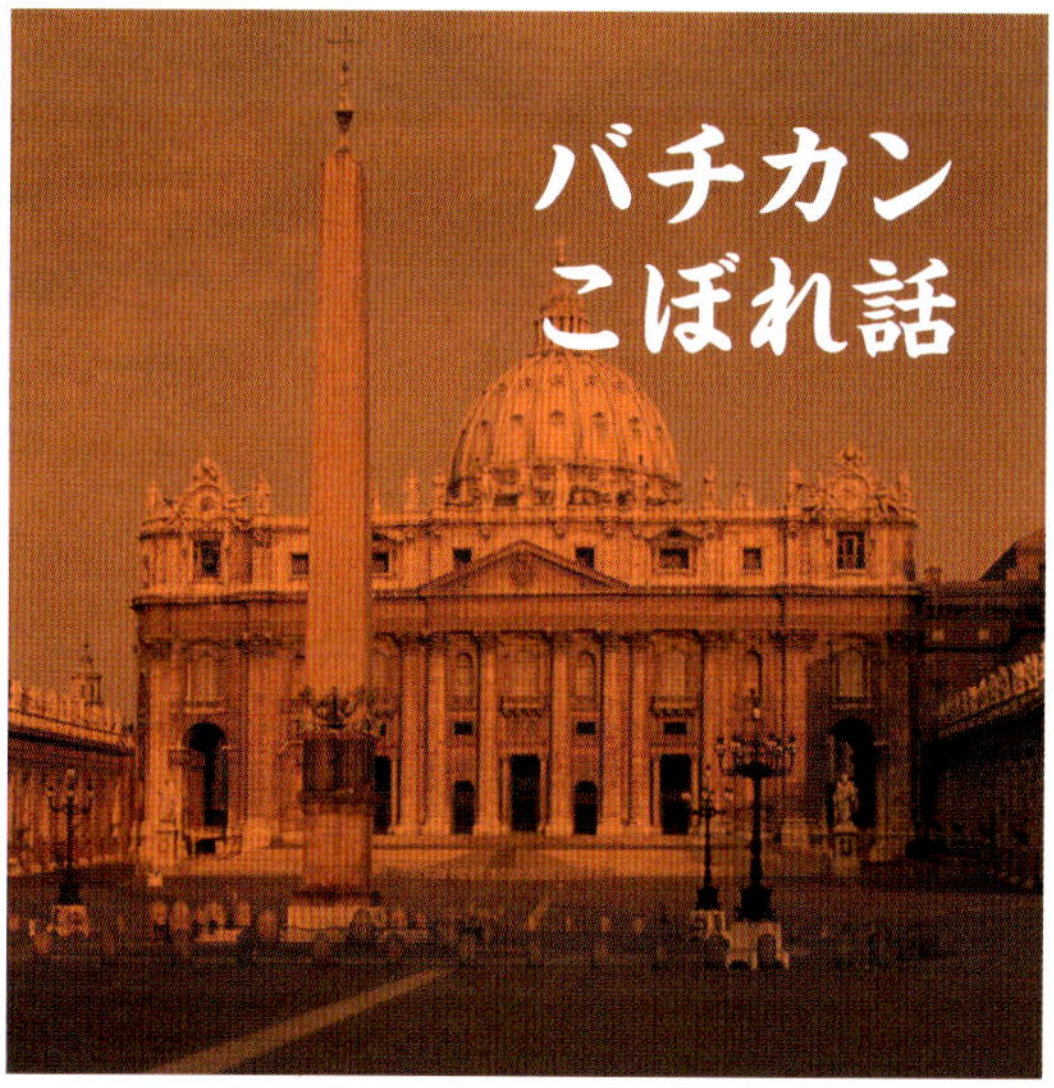

教皇にはイタリア人を!?

教皇庁とフランスの対立が深まった結果、一三〇三年のアナーニ事件で、教皇ボニファチオ八世が憤死、次の教皇に選ばれたのは、欠席していたボルドーの大司教だった。ローマに向かった新教皇は、フランス国王との話し合いやイタリアの混乱のためアヴィニョンで足止めされ、以来約七十年にわたって教皇庁はそこにとどまってフランス人教皇が七代生まれた。

さてその間、大変だったのがローマである。巡礼者はめっきり減って町の活気はみるみるなくなってしまった。一三七七年、教皇グレゴリオ十一世がローマに戻ってくる。ホッとしたのもつかの間、その十四カ月後、彼は四十七歳の若さで突然死してしまった。

さっそくコンクラーベが開かれた。そのときの枢機卿は、十六人のうち十一人がフランス人、フランス勢力が圧倒的多数だ。するとローマの人々がバチカン宮殿前に集まって、シュプレヒコールをあげ始めたではないか。

「ローマ出身か、少なくともイタリア人教皇を！」

もしフランス人が選ばれたら、その教皇はいつまたフランスに帰ってしまうかわからない。その不安が、人々を駆り立てたのである。その甲斐あってかイタリア人教皇が選ばれたが、そのときのコンクラーベは無効だとして、フランス人枢機卿らが別の教皇を擁立し、アヴィニョンへ。ローマ、アヴィニョン、ピサに三人の教皇が並び立つことになり、一四一七年まで、教会は混迷状態に陥った。

　この一件以来、近年にいたるまで、スペイン人、オランダ人が三人出たのみで、教皇はイタリア人がほぼ独占してきた。一九七八年、ヨハネ・パウロ二世が就任したときは、ポーランド人で初、イタリア人以外では四百五十五年ぶりということで騒がれた。ちなみにその後、ベネディクト十六世は、九百五十年ぶりのドイツ人、現在の教皇フランシスコは史上初のアメリカ大陸出身のローマ教皇となった。「イタリア人教皇を!」の圧力が、ようやく解けてきたということか。

少年使節の姿も描かれている「教皇シスト五世 ラテラノ聖堂行進図」(バチカン教皇庁図書館)

およそ四百三十年前にローマを見た少年たち 天正遣欧少年使節とローマ

天正遣欧少年使節は一五八二年(天正十年)に九州のキリシタン大名、大友宗麟《そうりん》・大村純《すみ》忠《ただ》・有馬晴信《はるのぶ》の名代としてローマへ派遣された四名の少年を中心とした使節団。イエズス会の宣教師アレッサンドロ・ヴァリニャーノの発案で進められたもので、ローマ教皇とスペイン、ポルトガル両王を表敬して日本人を紹介し、日本宣教のための経済的援助を依頼すること、さらにこの少年たちにヨーロッパのキリスト教世界を見聞・体験させることを目的とした。

　四少年はいずれもイエズス会のセミナリオ出身。伊東マンショは大友宗麟の名代で宗麟の血縁、日向国主伊東義祐《よしすけ》の孫。千々石《ちぢわ》ミゲルは大村純忠の名代で、純忠の甥で有馬晴信の従兄弟。この二人が正使節であり、中浦ジュリアンと原マルチノは大村氏の家臣の子で副使節として選ばれた。出発時、彼らは十二歳から十四歳。

　使節は日本を出発して三年後にローマに到着し、当時の教皇グレゴリオ十三世から熱烈に歓迎され、国王の使節並みの扱いを受けた。教皇は日本について強く興味を示し、使節たちと話すためいろいろな機会を設けた。しかし、八十四歳と高齢であった教皇は最初の謁見から二週間半後に急死した。

　続いて選出されたシスト五世の戴冠式には少年使節も出席している。新教皇は戴冠式では少年たちの席を教皇のそばに設け、また教皇が初めてラテラノ聖堂に向かったとき使節たちもその行列に同行している。現在、バチカン図書館の壁画に見られる馬上の使節たちの姿はその折のもの。

　長崎を発ってから八年後の一五九〇年七月、使節は日本に帰国した。帰国後、彼らはそろってイエズス会の修練期を過ごし、またコレジオで勉強を続けた。しかし、千々石ミゲルはその後イエズス会を退会、信仰さえも棄てたと伝えられている。他の三人は一六〇八年に司祭に叙階された。伊東マンショはその四年後に長崎で病没。原マルチノは一六一四年の禁教令によってマカオに追放されたが、一六二九年マカオで死去。中浦ジュリアンは日本に残って司牧のために潜伏活動を続けたが、一六三三年、穴吊るしの刑にて殉教。刑場に入るとき、中浦ジュリアンは「私はローマに行った中浦神父です」と名乗ったという。彼は二〇〇八年、ペトロ岐部と一八七殉教者の一人として列福された。

スイス衛兵

バチカン市国には、いわゆる軍隊は存在せず、スイス衛兵が教皇の身辺と教皇宮殿を、市国警察がその他の警備に当たる。任用基準は次のとおり。

・カトリックのスイス市民
・年齢は十九歳から三十歳まで
・身長は一・七四メートル以上
・中等学校または相当する職業訓練校と、スイス軍の基礎訓練課程を修了
・スポーツ能力と人品が良好であること
・伍長と兵は独身であること

スイス衛兵

バチカンアカデミー

宗教というと「時代遅れ」と思われがちだが、実はバチカンには、科学技術の発展で複雑化する社会に対応するため、いくつもの教皇庁立学会（アカデミー）が設置され、情報収集や研究を続けている。

「自然科学アカデミー」では、基礎科学研究のほか「人間のための科学か、科学のための人間か」といった倫理的問題に取り組む。「社会科学アカデミー」では、法学、経済学、政治学、社会学などの分野から、教会の社会教説がグローバル化した現代社会でいかに適用されるかを考察。体外受精、臓器移植、薬害、安楽死など生命に関する問題を扱うのが「生命アカデミー」。他宗教の学者も交え、世界各国の生命に関する学説や法律の制定基準などを研究している。

科学の進歩に警戒するだけではない。ヒトの皮膚から万能細胞ができたとき、バチカンはただちに「歴史的成果」との声明を発表している。受肉して、この世に来られたイエスの使命を引き継ぐバチカンは、アカデミーという独自のシンクタンクを抱え、日々、最先端の問題に取り組んでいる。

カールの戴冠を体感!?

サン・ピエトロ大聖堂の中央身廊《しんろう》入口近く、白い大理石の床の中にひっそりとある、楕円形の赤い大理石を探してみよう。

これは、古いサン・ピエトロ聖堂の中央祭壇近くにあったもの。八〇〇年のクリスマスイブ、フランク王国のカールはこの上にひざまずき、教皇レオ三世から神聖ローマ帝国皇帝の冠を受けた（「カールの戴冠」）。その後、二十一人の皇帝がこの上にひざまずき、教皇から冠を受けたという歴史的な石。サン・ピエトロ大聖堂を訪れた際は、みなさんもひざまずき、戴冠を体感してみてはいかが？

監修・松尾　貢（サレジオ会司祭）

教えて、平林神父さま
けっこう ためになる？ バチカンの おはなし

聖座・バチカン市国・ローマ教皇庁

カトリック教会の総本山であるバチカンは、教皇とその行政機関の代名詞のように使われますが、あまり正確とはいえません。実は、バチカンはローマの西に位置する丘の地名。日本でいえば、中央省庁を霞ヶ関、自民党本部を永田町と呼ぶのに似ています。教皇の役割とその行政機関の仕事を理解するために、聖座、ローマ教皇庁、バチカン市国に分けてお話ししたいと思います。

教皇と聖座

全世界のローマ・カトリック教会は、教区と呼ばれる地域単位ごとに運営されます。教区の責任者が、司教です。ローマ司教は教皇と呼ばれ、各地の司教たちをとおして世界に広がる教会を統括し、指導する役割を担っています。その権限の根拠は、イエスの弟子たちの頭《かしら》であり、ローマで殉教した聖ペトロの後継者という立場にあります。すべての司教は、使徒たちの後継者ですが、使徒たちの頭であるペトロの後継者は、司教たちの頭の座にあります。これを使徒座、または聖座と呼びます。言い換えれば、ローマ司教が、この使徒の座にあるからこそ、世界の教会を導く権威をもっているのです。

ローマ教皇庁

聖座に着くローマ教皇が、その活動を円滑に、また効果的に進めていくための諸機関を「ローマ教皇庁」と呼び、バチカン市国に事務所をおいています。教皇庁は、教育・宣教・司牧・人権推進・社会事業・文化助成などの分野で教皇を補佐します。各組織は、日本語で「省」、「評議会」などと呼ばれます。全省庁の組織は、日本の官僚組織と違い、委員会

形式で、委員長は教皇によって任命され、「長官」と訳されます。教皇から任命された枢機卿や大司教が、委員になります。実務を担う事務方の責任者が「秘書」で、日本語では「次官」、「局長」などと訳されます。これら全省庁を統括し、聖座の外交を担う組織が「国務

教皇庁組織図（2019年）

国務省 Secretariat of State	教皇の最高権限の行使を補佐する。長官のもとに、3局を置く。 総務局　外務局　外交官人事局
事務局 Secretariats	財務事務局　広報のための部署
省 Congregations	9つの省からなる 教理省（聖書委員会　国際神学委員会）　東方教会省 典礼秘跡省　列聖省　司教省（ラテン・アメリカ委員会） 福音宣教省（教皇庁宣教事業　信仰弘布会　宣教地司祭育成会 児童福祉会）　聖職者省　奉献・使徒的生活会省　教育省
裁判所 Tribunals	内赦院　使徒座署名院最高裁判所　ローマ控訴院
評議会 Pontifical Councils	12の評議会からなる 信徒評議会 キリスト教一致推進評議会（ユダヤ人との宗教関係委員会） 家庭評議会　正義と平和評議会　開発援助促進評議会 移住・移動者司牧評議会　保健従事者評議会　法文評議会 諸宗教対話評議会（ムスリムとの宗教関係委員会）　文化評議会 広報評議会　新福音化推進評議会
シノドス（世界代表司教会議） Synod of Bishops	シノドス事務局
部局 Offices	教皇空位期間管理局　財務評議会　聖座財産管理局 聖座財務部
関連機関 Institutions Connected with the Holy See	教皇慈善活動室　聖座財務情報監視局
その他の機関 Other Organizations	教皇公邸管理部　教皇儀典室

（カトリック中央協議会ホームページ参照）

外交基本方針

一、バチカンの外交目標は、キリスト教精神を基調とする正義に基づく世界平和の確立、人道主義の昂揚にある。そのための武力紛争の回避、人種的差別の廃止と人権の確立、発展途上国に対する精神的・物質的援助等がバチカン外交の特色とされる。

二、現在約百八十カ国と外交関係を有する。特に一九八九～一九九一年にかけ東欧諸国と相次いで外交関係を開設または再開し、一九九四年六月、イスラエルとも歴史的な外交関係樹立を達成。二〇〇九年十二月ロシア、二〇一一年七月マレーシア、二〇一六年十二月にはモーリタニア、二〇一七年五月にはミャンマーと外交関係を樹立（中国、ベトナム、サウジアラビア等とは外交関係未開設）。

三、キリスト教各派の一致促進（エキュメニズム）運動を推進するとともに、世界諸宗教対話会合を一九八六年から開催。

四、欧州安全保障協力機構（OSCE）、万国郵便連合（UPU）、国際電気通信連合（ITU）、国際移住機関（IOM）等に加盟し、国連にはオブザーバー参加。

（外務省基礎データより）

省」と翻訳される教皇総秘書局です。トップである教皇総秘書は、日本語で「国務長官」と呼ばれます。世界中に派遣される大使や公使などの使節も国務省に属します。

日本との関係が深い省は、一六二二年設立の「福音宣教省」でしょう。宣教国といわれる地域の宣教・司牧への物心両面の援助が主な仕事です。アジア、アフリカなどへの宣教師の派遣と保護、司祭の養成の援助などを行います。教会や施設の設立・維持に必要な資金援助と宣教地の司教の人事権を背景に、同省は絶大な影響力をもっており、長官は第二の教皇といわれるほどの実力者です。司教の任免は通常、司教省の管轄ですが、日本などの宣教国の場合は、福音宣教省の管轄です。

司教の任免のほか、教区の設立や統廃合も同省の管轄です。将来、日本が教区の統合を考えるときが来るとすれば、同省との折衝が必須です。日本の教会は、日ごろから同省の理解を得るなど、いっそう良好な関係を深める工夫が望まれるでしょう。

一般信者の信仰生活の中で聖座と直接の関係はさほど感じられないとしても、信者一人ひとりは、教会をとおして、聖座と固い絆で結ばれていることを忘れてはなりません。

「バチカン市国」国旗

バチカン市国

ローマは、イタリアの首都であると同時に、世界に広がるローマ・カトリック教会の指導者であるローマ教皇の本拠地でもあります。ローマ市内の西部にあって教皇が住まいとし、執務するバチカンの丘一帯は、「バチカン市国」と呼ばれ、国家としての地位が国際的に認められており、約百八十の国と地域との間に外交関係を結んでいます。また国連に常任オブザーバーを送っています。

公用語はラテン語。教皇の回勅やカテキズムなど聖座の公式文書は今でも確かにラテン語が原典ですが、話すことができる人は高齢

ローマ法王庁？大使館

千代田区三番町、靖国神社の近くにあるのが「ローマ法王庁大使館」。

日本の新聞等では「法王」、教会の文書では「教皇」という記載がみられるが、いったいどちらが正しいのだろう。以前は日本の教会内でも混用されていた。しかし「教える」というほうが、教皇の職務をよく表わすということで、日本の司教団は一九八一年、ヨハネ・パウロ二世の来日を機会に、「ローマ教皇」に統一している。

ローマ法王庁大使館

の聖職者に限られるラテン語で日常会話がされているわけではなく、外交用語はフランス語、日常的な業務や会議に用いられているのはイタリア語です。

国旗は、黄と白を並列した正方形で、白地中央に国章としての紋章を配してあります。国章にも用いられる聖座の紋章は、教皇がかぶっていた三重冠と、教皇の権限を象徴する、交差した金と銀の鍵です。

バチカン市国の起源は、六世紀にフランク王から寄進されたラヴェンナに始まる教皇領ですが、一八七〇年のイタリア王国の統一を機に広大な教皇領は消滅しました。二十世紀に入り、一九二九年にイタリア王国と聖座との間で結ばれたラテラノ条約により、「バチカン市国」として、イタリア政府から政治的に独立した国家として認められました。

教皇は、ラテラノ条約により世俗権を手放しました。言い換えれば、国の宿命である自国の利益追求の外交の必要がないということで、〇〇ファーストというスローガンとは無縁です。経済的・外交的な利害を超えて、ひたすら人権を守り平和を実現する外交ができるのです。

バチカン市国が、イタリア国内にあっても独立国として承認されている理由は、特定国の影響を受けない国際活動の自由を教皇に保証するためです。ですから教皇を補佐するローマ教皇庁も、バチカン市国内にあります。

バチカン市国の領土

バチカン市国の領土は、約〇・四四平方キロメートル（日本の皇居は約一・一五平方キロメートル）で、世界最小の国家といわれますが、厳密にいえば、世界最小の主権的存在はマルタ騎士修道会です。十八世紀末にマルタ島などの領土を失った後も国家主権が認められており、世界百カ国以上と外交関係を結んでいます。

さてバチカン市国の領土には、四大バジリカ以外にローマ市内に散在する飛び地が含まれます。そのほか、ローマに多くの不動産を所有しています。飛び地の領土内にある教皇庁の事務所には、イタリアとの間に結ばれたラテラノ条約による治外法権があります。例えば、イエズス会総本部、神学院は完全な治外法権がある〝カテゴリーA〟に属します。イタリアへの納税義務がなく、イタリア警察は、聖座の承認なしに入れません。

イエズス会総本部は、聖座の省庁と内線電話でつながっていて、イタリアとバチカン市

ところがバチカン大使館の門には「駐日ローマ法王庁大使館」の文字が……。実は日本とバチカン（ローマ教皇庁）が外交関係を樹立した当時の定訳は「法王」だったため、教皇庁がその名称で日本政府に申請。日本政府に登録した国名は、実際に政変が起きて国名が変わるなどしない限り、変更できないため、そのまま「法王庁大使館」となっているのだ。ちなみに、カトリック中央協議会ホームページでは「駐日ローマ教皇庁大使館」として紹介されている。

日本の司教団はたびたびマスコミ各社に「教皇という名称を使ってください」と呼び掛けているが、残念ながらまだ実現していないのは、大使館の表札の影響があるのかも。

大使館の表札

国、それぞれの住所をもっています。また〝カテゴリーA〟に居住する者は、イタリア国内で物品などを購入したときに支払った付加価値税の払い戻しを受けられます。

市国の入国には、サン・ピエトロ広場と大聖堂など一部を除いてビザが必要です。一回限りの入国ビザは、入口の受付で即時発行してくれます。

所有不動産といえば、サン・ピエトロ大聖堂から伸びる表参道コンチリアツィオーネ通りに面するビルは、ほとんどが聖座の所有です。近年、家賃を大幅に値上げしたため、土産物屋がアラブ系や中国系資本に買収されたり、飲食店になったりしています。

バチカン市国の正式名称は？

何気なく「バチカン市国」（英語＝Vatican City、イタリア語＝Città del Vaticano）と呼ばれることが多いのですが、国連に登録された正式な国名は、The Holy See（聖座）。しかし万国郵便連合の登録は、バチカン市国ですので、発行している切手には、Città del Vaticano（バチカン市国）と記されています。

聖座のパスポートで外国へ行く場合は、少々やっかいです。例えば、聖座と日本の間にはビザの相互免除協定がないので、相互の入国にビザが要求されます。筆者も聖座の旅券で来日するとき、在バチカン日本大使館でビザをもらいました。

成田空港の入国審査官に聖座の公用旅券と日本大使館発行のビザを見せたのに、こんな国はないと入国を一時、保留されたことがあります。理由は簡単。旅券の表紙やビザに記された正式国名は、「聖座」を意味する英語のHoly Seeではなく、イタリア語のSanta Sedeであるため、日本では認識されなかったわけです。

国民（？）生活

外務省資料によると、二〇一八年十月現在、バチカン国籍保有者は六百十五人、バチカン国籍を保有せずバチカン市国に居住する者は二百五人。聖座の市民権は職務を続ける限りという条件があり、この市民権をもつ人間は、合計で八百二十人となり、この中には師イエズス会の日本人修道女二名も含まれています。

一般職員は、賃金が低いかわりに労働時間は一般より少し短く、週三十六時間です。勤務は、月～土曜日・朝八時～午後一時、火曜・金曜は午前に加え、午後四時～七時。短い勤務時間のほかにも、それなりの役得があります。聖座は独立国なので、二十二・五パーセントと高いイタリアの消費税がかかりません。そのため市国内のスーパーや薬局、ガソリンスタンドなどはイタリアより二割以上安い感じです。たばこも非課税で、イタリア国内より四割ほど安く買えます。

聖座の外交使節

各国の大使・公使など外交使節は、その国の政府を代表しており、「特命全権大使」などの肩書きをもっています。しかし聖座が派遣する外交使節は、バチカン市国を代表しているわけではありません。教皇の名代として派遣されます。日本語で「ローマ法王庁大使」、「ローマ法王庁大使館」と訳されますが、原語では、それぞれnuncius、nuntiaturaです。そこで正確には、「教皇大使」、「教皇大使館」が、正しいといえます。

バチカンと日本、国交樹立に至るまで

日本政府と聖座の正式な交流は一九〇五（明治三十八）年に始まります。この年、米国

ボストンのオコンネル司教は教皇ピオ十世の特使として来日し、日露戦争の終結を祝うとともに戦争中、日本政府が満州のカトリック信徒を保護した措置に感謝するため、同年十一月十日、明治天皇に拝謁し、教皇親書を手渡しました。

聖座が日本に初めて常駐の外交使節を送ったのは、一九一九（大正八）年です。初代使節は、ペトロ・ビヨンディ大司教。第二代教皇使節マリオ・ジャルディーニ大司教が一九二七（昭和二）年二月七日、大正天皇の大葬に参列したことを機に、日本政府と聖座は親密になりました。皇族が欧州を訪れる折、聖座を訪問する機会が増えました。しかし当時、聖座の国際的な立場が確定していないこともあり、日本への教皇使節は、常駐とはいえ、その外交特権は、ごく限られていました。

山本信次郎海軍少将

日本政府と聖座との関係を振り返るとき、山本信次郎海軍少将（一八七七～一九四二）の功績を忘れることができません。山本氏は、暁星学園時代、十六歳で受洗しました。その後軍人としてイタリア駐在武官を経験し、一九一九年、第一次世界大戦のパリ講和会議に西園寺公望《さいおんじきんもち》主席全権の随員として参加しました。またこのとき、教皇庁への日本政府特派使節として教皇ピオ十一世に会い、南洋諸島の宣教者派遣問題の解決に尽くしました。

一九二一（大正十）年には、後の昭和天皇である皇太子裕仁《ひろひと》親王の欧州五カ国歴訪に随行し、教皇ベネディクト十五世との会見を実現させました。

ところで昭和天皇は、太平洋戦争の勃発直後から、早期の終戦を望み、聖座にその仲介を求める考えをもっていました。昭和天皇独白録は、これが天皇自らの発意であったことを示しています。聖座との関係は、「戦の終結時期に於て好都合なるべき事、又世界の情報蒐集《しゅうしゅう》の上にも便宜あること」であると述べ、聖座の「全世界に及ぼす精神的支配力の強大なること」を見据えていたようです。これも山本信次郎氏の陛下への進言によるといわれます。

また、聖座も札幌使徒座代理区の冨沢孝彦師（後の札幌司教）に対して、密かに仲介の意を打診しています。一九四二（昭和十七）年、日本政府は駐フランス大使館参事官原田健氏を初代駐バチカン特命全権公使に任命しました。日本の外務省は、これをもって日本と聖座との国交樹立としています。

他方、駐日教皇大使館は、両国が正式な外交ルートを開き、特命全権公使を相互に派遣した一九五二（昭和二十七）年を国交樹立の年とする立場です。この年、日本は井上孝治郎氏を、聖座はフルステンベルグ大司教を、それぞれ特命全権公使に任命しました。その後、両政府は外交関係を公使級から大使級に格上げし、現在に至っています。

今日に至り、日本政府は、教皇が果たす国際的な役割を認識しています。政府は、教皇フランシスコに何度も訪日を招請しました。そして日本司教団の度重なる働きかけが実り、三十八年ぶりに教皇を日本に迎えることができました。今回の教皇訪日を機に、日本と聖座との関係が、いっそう緊密になるとともに、日本社会がキリストの福音に接するきっかけになればと願っています。

教皇フランシスコと日本―気ままなる断章（談笑）

阿部仲麻呂

CASIOの腕時計

教皇フランシスコが左腕にはめている時計はＣＡＳＩＯスタンダードというシリーズの日本製で、わずか二十ｇの樹脂製の腕時計である。発売当初は税抜二千九百円だった。最近、若者のあいだではチープＣＡＳＩＯと呼ばれて親しまれ、九百円ほどで流通している。教皇が、ホルヘ・マリオ・ベルゴリオとして過ごしていた時代の一九九二年にブエノスアイレスの補佐司教として活躍し始めたころには、すでにＣＡＳＩＯの時計を左腕にはめていることが写真や映像によって確認できる。そのころと同じ時計を教皇就任後も愛用している。

聖フランシスコ・ザビエルが見た日本人

二〇一九年は、一五四九年に聖フランシスコ・ザビエルが鹿児島に上陸して日本宣

コンプリ神父の
バルゼレッタ
こばなし

たすけてくれ〜

事故を起こした飛行機から一人の男がパラシュートで脱出したが、パラシュートが開かない。男は必死で祈った。

「聖フランシスコ！ 助けてくれ !!」

すると雲の間から巨大な手が現れ、彼を救い上げた。彼がホッとしていると、天から声が聞こえた。

「お前はどのフランシスコに助けを求めて祈ったのか」

「もちろん、わたしの霊名アシジのフランシスコですよ」

すると「それは悪かった、わたしはフランシスコ・ザビエルなんだ」という声とともに、その手は雲の中に引っ込んでしまった——??!!

教を開始してから四百七十周年にあたる。若き日の教皇フランシスコは日本宣教への夢をいだき、イエズス会創立の初期メンバーだった聖フランシスコのように、日本の人々と関わることが望みだったという。

聖フランシスコ・ザビエルが十六世紀に自身の書簡のなかで、日本の人々は礼儀作法の行き届いた態度で生活し、高潔な生き方を貫き、知性や感性のすぐれた素質を備えていると書いている。今日、日本社会では礼儀作法がおざなりにされ、高潔な生き方が忘れ去られている場面も多い。教皇フランシスコの来日によって再び日本人が十六世紀以来の長所を理解し直して、人間的にも成熟してゆければ幸いである。

日本の殉教者たち

近世の日本ではキリスト者たちはキリシタンと呼ばれ、慈悲を実践する独自の連帯組織として人々の関心を集めた。しかし、洗礼を受けてキリストのあとに従う者たちの数の増加は、為政者たちに不安を感じさせる要因ともなった。

また、スペイン王国やポルトガル王国が競って世界征服に乗り出した状況と、商人たちの一獲千金の欲望と宣教師たちの布教への夢とが微妙なかたちで重なっていることもあり、必ずしも純粋な信仰の立場が表明されなかったことも、日本の為政者を疑心暗鬼に陥らせた。日本の政治システムの枠内にキリシタンをはめこんでコントロールすることに失敗した為政者たちは、自国の防御という大義名分のために、キリシタン排除に舵を切った。

いかなる歴史的事情があるにせよ、キリシタンたちは忠実にキリストに従い、自分たちの純粋な信仰の立場を棄てることはなかった。その一貫した姿勢こそが数百年にもおよぶ迫害の嵐にも毅然として耐え抜いた日本のキリスト者たちの高潔さであり、キリストに対する誠意であった。

教皇フランシスコもキリシタンたちの高潔さと誠意を自分の生き方と結び合わせて連帯している。高潔さと誠意こそは、イエズス会の創立者の聖イグナチオ・デ・ロヨ

コンプリ神父の
バルゼレッタ
こばなし

あなたを賛美します

アシジのフランシスコが弟子たちと散歩に出た。フランシスコは道々、被造物をとおして神を賛美する。

「神よ、あなたを賛美します。兄弟である風と空気のために」

「神よ、あなたを賛美します。姉妹である水や大地のために」

すると一羽の小鳥のフンが空からフランシスコの頭上に落ちてきた。弟子たちが、ここで師はいったい何を賛美するかと固唾をのんでみていると、フランシスコは言った。

「神よ、あなたを賛美します。あの小鳥が大きな牛のようでなかったことを」

ラの本懐であった。教皇も同様の矜持《きょうじ》を大事にしている。

長崎と広島

一九四五年、長崎と広島に原子爆弾が投下された。歴史上初めて最新鋭の科学の成果を駆使した残虐な武器が使用された。まず広島に、次に長崎に、原爆が投下された。特に近世日本のキリシタン以来の信仰の地としての長崎に大量殺人兵器が投入されたことは衝撃的な事実となった。

それゆえ、教皇フランシスコは「焼き場に立つ少年」の写真を全世界に配布し、戦争の愚かさをしつように訴え続ける。あたたかい家庭の数々が一瞬にして破壊されるという悲劇は、決して戦争をやめようとしない指導者層および、あくなき金儲けをねらう企業人たちの愚かさによって、今も続いている。

ペドロ・アルペ神父のこと

一九四五年に広島で被爆した宣教師ペドロ・アルペは市民たちを支え、医療活動をとおしても活躍した。彼はイエズス会日本管区初代管区長に就任し、徹底的に日本の人々と連帯して歩み、日本社会の復興を見届けた。その後、アルペ神父は、日本よりも貧しい地域の人々に同伴して復興を目指す歩みに乗り出した。その一環として南米諸地域をめぐる視察旅行に出た。一九五九年にアルゼンチンで二十三歳のホルへ修練生（若き日の現教皇）と出会った。アルペ神父の高潔で誠意ある生き方をまのあたりにしたホルへは心からキリストに従うことの意味深さを悟り、燃えた。それゆえに、恩師の活躍した土地としての広島もまた教皇フランシスコにとって最も親しい大切な心のふるさととなっている。

日本への思いと友情

二十三歳から八十三歳へと六十年もかけて熟成された教皇フランシスコによる日本宣教の夢は、彼自身によってはかなわな

コンプリ神父の
バルゼレッタこばなし

とんでもない大物？

あるとき、黒塗りの乗用車の後部座席に座っていたローマ教皇が運転手に声をかけた。

「20年前に枢機卿になって以来、わたしは車のハンドルを握らなくなったが、若いときは運転が大好きだった。ちょっとだけ運転を代わってもらえないだろうか。

10分もしないうちに車はパトカーに止められた。パトカーから降りてきた警官は、車の中を覗き込むや驚いて無線で上司に指示を仰いだ。

警官「警部、大変です。とんでもない方の車をスピード違反で捕まえてしまいました」

警部「大統領でも捕まえたか？」

警官「そんなレベルではない、わたしには想像もつかない人物です」

警部「落ち着け！ どういうことだ」

警官「とんでもない大物ですよ。なにしろ教皇がその方の運転手を務めているのですから」

かった。

しかし興味深いことに、ホルヘはアルゼンチンでイエズス会修練長や神学院長としての役目を果たすなかで、数多くの若者を育てあげ、宣教師として日本に派遣した。その中にはイエズス会のデ・ルカ・レンゾ日本管区長やホアン・アイダル院長もいる。

ホルヘは教え子のレンゾ神父やアイダル神父との友情を育むため、プライベートで一九八七年に日本を訪問している。その日本訪問の際にアントニオ・ガルシア修道士が世話役としてホルヘを案内した。八十二歳から八十三歳になろうとしているホルヘは、今でも、九十歳のガルシア修道士との友情をあたため続けている。教皇に就任してからも、友人の手紙への返事を欠かさない。

友情を育む姿勢は、実は、ペドロ・アルペ神父がホルヘを訪問し続けたことからの学びである。ホルヘは、恩師が総長に就任してからもたびたびアルゼンチンにまで定期的に通って面談し、指導を続けてくれたことを懐かしんでいる。

被災地の方々

教皇フランシスコは復興する人間の尊い姿に注目する。広島、長崎、そして福島。教皇は今日も相手の高潔さと誠意を理解し、ともに連帯する。それゆえ、教皇は福島の方々を始めとする東北地方の被災地の人々を決して忘れない。彼らのことをこそ、教皇は友として大切に支えようと渇望している。立ち直る人間の尊い姿を心をこめて理解し、その姿勢から学ぶことで「ゆるぎない希望」をいだき続けることが全人類の歩みの最も意義深い真実なのだから……。

ホアン・ドミンゴ・ペロン

アルゼンチンの軍人であるペロン大佐は熱心なカトリック信徒であり、クーデターを起こして大統領となってからは貧しい人々を支えて善政を敷く人格的で徳の高い為政者として民衆の圧倒的な支持を得ていた。若き日のホルヘ青年もペロンを尊敬し、ペロン主義者としての立場を好んでいた。

ペロンの妻も社会的な慈善事業を数多く手がけたカトリック信徒の政治家であり、その活躍を描いた映画『エビータ』は世界的に流行した。ペロンは妻に先立たれてからは失政を重ね、アルゼンチンの大企業や軍需産業の経営者と癒着して、金持ち寄り

コンプリ神父の
バルゼレッタ こばなし

父と子と聖霊と……

御父と、御子と、聖霊が、久々の休暇を取った。

父「わたしは創造の業を確認するために自然豊かなアフリカに行ってみようと思う」

子「わたしは故郷のナザレに里帰りしてみたいですね」

聖霊「まだ行ったことがないから、バチカンに行ってみたいなぁ」

の政治を行い、富の独占による格差社会を生み出し、アルゼンチンの社会を貧困状態に追い込んだ。ペロンは若い革新的政治家たちや軍人たちから、いくども政権の座を奪われ、数度にわたる亡命を繰り返しながらも、常に政治の中枢に返り咲き、今日でも偉大なるアルゼンチンの実力者として名前が知れ渡っている。

無名の司祭

一九五三年九月二十一日の聖マタイの記念日。十六歳の少年だったホルヘはサッカーチームの会合に出向く前に、突然祈りをささげたくなり教会に立ち寄った。そこでたまたま聖堂内に居合わせた司祭の謙虚で敬虔な姿に心をゆさぶられた少年は、この司祭にゆるしの秘跡を願い、助言を得ることで、「自分がキリストについてゆきたいのだ」と目覚めることになった。キリストを想い、人々に仕える謙虚な司祭の姿をまねて、いつの日か自分も司祭になろうという決意が少年の心の底で成立した。しかし、このときの司祭の名前は明らかになっていない。

クアラチーノ枢機卿の配慮

一九九〇年から一九九二年にかけて、すべての要職を取り去られ、神学院での講義活動をも引退させられてコルドバのイエズス会修道院第五号室で過ごしていたホルヘの苦悩。彼のこの時期の経験は沈黙のうちに語られないままである。人を大切にして連帯して生きる牧者であるホルヘにとって人との関わりを制限されたのがコルドバ時代だった。

三十六歳でアルゼンチンのイエズス会管区長となって、若くして要職を歴任したホルヘにとって、任期満了後は仲間から逆の方針を突きつけられる厳しい日々が続いた。ホルヘへの実直で厳しい指導姿勢を快く思わなかった同僚たちが次々に反旗を翻した。いつの時代も、楽をして名誉を得ることしか考えない聖職者や修道者はいる。その結果がホルヘへのドイツ送りであり、その後のコルドバへの異動であった。

コンプリ神父の
バルゼレッタ
こばなし

教皇の権限

ミケランジェロが「最後の審判」を描いているとき、神聖な祭壇を裸体で埋めるとは何事だと毎日のように文句を言いに来たのが教皇庁儀典長の神父。憤慨した偉大な芸術家がその儀典長の顔で地獄の王のミノスを描いたので、怒った儀典長は教皇に直訴した。

神父「教皇さま、すぐに描き直すようにミケランジェロに言ってください！」

教皇「残念だが、わたしはなにもできないよ」

神父「どうしてですか、教皇さまともあろうお方が!!」

教皇「天の国に対しては権限を与えられたが、地獄に関しては何の権限もないからなぁ」

ドイツにて神学博士論文を書くように派遣されたことは、実はホルへへの活動をアルゼンチンから遠ざけるための巧妙な配慮か

コンプリ神父のバルゼレッタこばなし

リンゴはいかが？

ある国の外交官夫妻が教皇ヨハネ二十三世から夕食の招待を受けた。社交家で鳴らした外交官夫人は、きらびやかで大胆な服装でやってきた。晩餐も終わりに近づいたとき、教皇はリンゴを手にして彼女に勧めた。

夫人「教皇さま直々にデザートをくださるなんて光栄です」

教皇「エヴァはリンゴを食べた後で、自分が裸だということに気づいたみたいですね」

らだった。数カ月だけドイツで資料集めをしたホルへはホームシック状態で、急いでアルゼンチンに帰国した。それを快く思わなかった反ホルへ派の仲間たちがコルドバの修道院内部の聴罪司祭の仕事だけをホルへに言い渡した。

一九九二年、ホルへの窮状を見かねたブエノスアイレスのアントニオ・クアラチーノ枢機卿が教皇ヨハネ・パウロ二世に対して頻繁に手紙を書き、ホルへを補佐司教にするように推薦した。こうして、ホルへはイエズス会内部の人間関係から解放されてアルゼンチンの信徒たちの世話をする牧者としての新たな歩みを踏み出した。

教区のクアラチーノ枢機卿はホルへを丁寧に指導し、協働大司教への昇進を見届けてから世を去った。その後ホルへはブエノスアイレス大司教となり、教皇ヨハネ・パウロ二世から枢機卿に親任された。教皇フランシスコは恩人の聖ヨハネ・パウロ二世の志を受け継ぎ、日本に来る。

ロマーノ・グァルディーニの思想

イタリア系のドイツ人神学者のグァルディーニは典礼的な美学を洗練させた独自の思想家である。彼の思想は、教皇フランシスコも名誉教皇ベネディクト十六世も教皇ヨハネ・パウロ二世も、共通して受け容れている。

祈りの深さを美しく情緒的に表明し、人間の心の奥深さを丁寧につづるグァルディーニの音楽的な筆致は、芸術的な趣を読者に呼び覚ます。

演劇や詩の朗読を好んだヨハネ・パウロ二世も、自らもピアノを弾くベネディクト十六世も、アルゼンチン・タンゴを好む教皇フランシスコも芸術的な表現力を備えているが、その三人の教皇たちの共通の思想がグァルディーニの著作群である。

難民や移民の痛みを知っていた エンリコ・ポッツォーリ神父

教皇フランシスコは就任当初から今に至るまで「難民」や「移民」の痛みを理解して、

すぐに支える努力を積み重ねてきた。大切な人類家族の一員が苦しんでいるのを決して見過ごせないという親しさの意識が教皇の外交政策に結びついている。しかし、教皇は幼いころから先輩たちの姿をとおして「難民」や「移民」を支えることや心の指導の極意を学んでいたのである。

エンリコ神父はサレジオ会司祭であり、ホルヘ少年が所属していた小教区の主任司祭であった。ホルヘがイエズス会に入会する際に、その選択が正しいものかどうか確認の面談を担当したのがエンリコ神父であった。

彼は思慮深く、相手の素質を適確に見抜く霊的指導の力量を備えていた。時計修理も得意だった。ホルヘの家族もエンリコ神父に全幅の信頼を寄せていた。やはりイタリアからアルゼンチンに宣教に来ていたエンリコ神父もまた移民の苦しみを熟知していた。教皇はアルゼンチンで働いていたが、日系移民たちの苦労にも理解を寄せた。

司祭叙階後のホルヘは、定期的にエンリコ神父からの助言を受けて前進した。あるとき、病床で寝たきりになっていた晩年のエンリコ神父の病室を訪問したホルヘは、眠っている恩師の顔を見て静かに祝福だけして病室を後にした。その二日後に恩師は帰天した。二十五年経って、ホルヘ司教は同僚の司教に、次のように吐露した。

「無理に起こしてでも、会話をすればよかった。深く後悔している！」

若き日のホルヘは相手を気づかうあまり遠慮してしまう性質だった。今では積極的に相手のもとに踏み込む勇ましさを身に着けているが。

できること、できないこと

フランス革命の後、ナポレオンが時の教皇に手紙を書いた。
「わたしは教会をつぶしてみせる！」
すると教皇から返事が届いた。
「無理だと思いますよ。わたしたちにもできなかったのですから」

コンプリ神父の
バルゼレッタ
こばなし

コンプリ神父の
バルゼレッタ
こばなし

リスペクト

77歳で教皇に選出されたヨハネ二十三世があるときこんな話をした。
「若者の皆さん、覚えておいてください。世界はあなたたちが生まれる前からあったことを。そして年配者の皆さん、認めましょう。世界はあなたたちの後にも続くものだということを」

「相手（キリスト）と出会う」ことを力説するベネディクト十六世

回勅『神は愛』の第一項で、ベネディクト十六世は「人を救うのは倫理的な気高さや高邁な思想ではない。むしろ、生きた人格との出会いこそが、人を活かす。キリストとの出会いを大切にしましょう」という内容を力説している。

教皇フランシスコもいくつかの公文書のなかでベネディクト十六世の言葉を何回も引用している。活けるキリストと出会うことを十六歳のホルヘ少年は経験的に理解していたが、その個人的な召し出しの歩みを、理論的にも保証してくれたのがベネディクト十六世だ。

生きた人格との出会い。人の生き方の奥底に潜むキリストと出会うことが救いにつながる。

教皇フランシスコは十六歳のときに謙虚な姿勢の司祭と出会うことで司祭職への憧れをいだき、二十一歳のときはシスター・ドロレスと出会いキリストの十字架の意味を悟り、二十三歳のときはペドロ・アルペと出会って日本の方々の尊さに気づき、影響を受けた。

キリストとともに生きている相手との出会いこそが、教皇フランシスコの生き方を成熟させ、聖なる人（キリストと親しい人）になりたいという望みを深めさせたのである。教皇は尊敬する日本の人々に対して親しく出会いたいと熱望している。キリストと出会わせたいから。

回勅『信仰の光』や講話集『信条』もまた、ベネディクト十六世と教皇フランシスコの共著となっている。ふたりはいつでも二人三脚で連帯して歩んでいる。老師と弟子のほほえましい協力関係は、今でもゆるぎないかたちで続いており、全世界のキリスト者に勇気を与えている。

『キリストは生きている』という本でも強調されているように、老齢者は智慧の豊かさを湛え、後輩は感謝して学び続けることで同じ豊かさを受け継ぎ、さらに若い後輩を支えてゆく。世代を超えた人間の美しい協力の姿がふたりから伝わってくる。

あべ・なかまろ　一九六八年東京都生まれ。サレジオ会司祭、神学博士。日本カトリック神学会理事、日本宣教学会常任理事、日本カトリック教育学会理事、日本カトリック司教協議会プラクイト・デオ検討特別委員会委員。福岡カトリック神学院、東京カトリック神学院、桜美林大学、上智大学などで講師を務めている。著書、訳書多数。全国で信仰講座や黙想指導にも携わる。

コンプリ神父の
バルゼレッタこばなし

働いているのは

ある国の外交官が教皇ヨハネ23世に謁見したときの実話。

外交官が「教皇さま、バチカンでは何人の人が働いているのですか」と尋ねた。教皇はちょっと考えて微笑みながら「そうですねぇ、大体半分くらいでしょうか」と答えたという。

出典
カトリック生活：2009年9月号、2013年5月号、2013年8月号
2015年10月号、2017年9月号、2018年2月号、12月号 他
VATICAN NEWS
ZENIT ~ The World Seen From Rome

参考文献
『新カトリック大事典』(研究社)
マシュー・バイソン『ローマ教皇事典』(三交社)
フランチェスコ・シオヴァロ／ジェラール・ベシエール
『ローマ教皇　キリストの代理者・二千年の系譜』(創元社)
ヴァレリオ ヴォルピーニ『ヴァティカン―歴史・芸術・建築』(原書房)
秦野るり子『バチカン―ミステリアスな「神に仕える国」』(中公新書ラクレ)

写真
表紙・本文中教皇フランシスコ写真、p23結び目を解く聖母マリア
Foto ©Vatican Media
p76バチカン、p84・85ローマ法王庁大使館　関谷義樹

イラスト
澤村信哉

＊本文中の教皇名表記はカトリック中央協議会ホームページ「歴代教皇リスト」に準ずるものです。
＊本文中聖書個所は『新共同訳聖書』(日本聖書協会)によるものです。

教皇フランシスコ
別冊「カトリック生活」教皇来日記念号

2019年11月8日　初版発行

編 集　「カトリック生活」編集部
発行者　関谷義樹
発行所　ドン・ボスコ社
〒160-0004　東京都新宿区四谷1-9-7
TEL 03-3351-7041 FAX03-3351-5430
デザイン　幅 雅臣
印刷所　株式会社平文社

ISBN978-4-88626-659-0 C0416
(乱丁・落丁はお取替えいたします)